使いやすい！教えやすい！家庭学習に最適の問題集！

# 西南学院小学校

2019~2021 年度過去問題を掲載

# 福岡教育大学附属小学校

## 福岡・久留米・小倉

2020・2021 年度過去問題を掲載

2022 年度版

# 過去問題集

<問題集の効果的な使い方>

①お子さまの学習を始める前に、まずは保護者の方が「入試問題」の傾向や難しさを確認・把握します。その際、すべての「学習のポイント」にも目を通しましょう。

②入試に必要なさまざまな分野学習を先に行い、基礎学力を養ってください。

③学力の定着が窺えたら「過去問題」にチャレンジ！

④お子さまの得意・苦手がわかったら、さらに分野学習を進め、レベルアップを図りましょう！

JN126437

## 必ずおさえたい問題集

### 西南学院小学校

| | |
|---|---|
| お話の記憶 | 1話5分の読み聞かせお話集①・② |
| 図形 | Jr・ウォッチャー 35「重ね図形」 |
| 数量 | Jr・ウォッチャー 37「選んで数える」 |
| 言語 | Jr・ウォッチャー 60「言葉の音（おん）」 |
| 常識 | Jr・ウォッチャー 27「理科」55「理科②」 |

### 福岡教育大学附属小学校

| | |
|---|---|
| 図形 | Jr・ウォッチャー4「同図形探し」 |
| 数量 | Jr・ウォッチャー 36「同数発見」 |
| 言語 | Jr・ウォッチャー 60「言葉の音（おん）」 |
| 図形 | Jr・ウォッチャー 46「回転図形」 |
| 口頭試問 | 新口頭試問・個別テスト問題集 |

●資料提供●

幼児教室 コペル

こどもの可能性は無限大 コペル


ISBN978-4-7761-5398-6

C6037 ¥2500E

9784776153986

定価 2,750 円

（本体 2,500 円 + 税 10%）

1926037025009

日本学習図書 ニチガク

目指せ！合格！

# 家庭学習ガイド
## 西南学院小学校

## 入試情報

出題形態：ペーパー、ノンペーパー
面　　接：親子面接
出題領域：ペーパーテスト（図形、数量、言語、常識、お話の記憶）、巧緻性、口頭試問、行動観察、制作（想像画）、運動

## 受験にあたって

本年度の入試は、事前に面接が行われ、１日目にペーパーテスト、口頭試問、２日目に行動観察、制作、運動という内容で実施されました。ペーパーテストでは図形、数量、言語、常識、お話の記憶の分野から出題され、質・量ともにレベルの高い内容でした。「お話の記憶」は少しずつ標準的なものなっていますが、設問には細かな表現を聞くものもあります。対策が必要でしょう。「数量」や「図形」などは問題ごとの設問数も多く、思考力と集中力を要する作りになっています。正確さとスピードの両立が目標になってきます。

机上の学習だけではおろそかになりがちな「常識」の問題もしっかり出題されています。マナーなどの生活についてばかりでなく、動植物に関する知識もある程度は必要です。

なお、当校の教育目標として「真理を探究し、平和を創り出す人間の創造」というテーマが掲げられています。面接を含めた選考を通して、その資質がチェックされているので、学校のことをよく理解した上で対策を立てることが大切です。

目指せ！合格！

# 家庭学習ガイド

## 福岡教育大学附属小学校（福岡・久留米・小倉）

ペーパー　行動観察　口頭試問　絵画

## 入試情報

出題形態：ペーパー、ノンペーパー
面　　接：なし
出題領域：ペーパーテスト（図形、数量、言語、常識）、行動観察、口頭試問、絵画

## 受験にあたって

福岡教育大学の３つの附属小学校では、同日同時刻に同じ内容の試験を行うという、ほかの学校ではあまり見られない形で入学試験が実施されています。

第１次選考は、例年１月上旬に実施されています。内容は、ペーパーテスト、行動観察、口頭試問、絵画となっており、知識だけでなく、論理的思考力、判断力、表現力など総合的な観点での出題が特徴です。分野的には、「数える」「探す」など、お子さまの忍耐力や集中力を見る問題が多く出題されています。また、「常識」分野からの出題もよく見られるので、机上の学習だけでなく、日常生活に根ざした学習が欠かせません。

昨年度の試験では図形分野からの出題が目立ちました。この傾向が次回の試験でも続くかどうかはわかりませんが、図形分の学習は多なっておいた方がよいでしょう。

口頭試問では、公共の場における振る舞いや、ある特定の状況（自分やほかの人が困っている状況など）における対応ついての質問がありました。質問に対する答えとともに、きちんとした受け答えができるという意味でのコミュニケーション力が、当校の入試では必須とも言えるでしょう。

第２次選考は、第１次選考合格者の中で抽選が行われ、入学内定者が決定します。

# 西南学院小学校
# 福岡教育大学附属小学校

# 過去問題集

## 〈はじめに〉

現在、少子化が叫ばれているにもかかわらず、一定の志願者を集めるのが小学校入学試験です。このような状況では、ただやみくもに練習をするだけでは合格は見えてきません。志望校の過去における出題傾向を研究・把握した上で、練習を進めていくこと、その上で試験までに志願者の不得意分野を克服していくことが必須条件です。そこで、本問題集は小学校を受験される方々に、志望校の出題傾向をより詳しく知っていただくために、過去に遡り出題頻度の高い問題を結集いたしました。最新のデータを含む精選された過去・対策問題集で実力をお付けください。

また、小学校受験の詳しい情報は「小学校入試知っておくべき125のこと」（小社刊）並びに、弊社ホームページを参考になさってください。

## 〈本書ご使用方法〉

◆出題者は出題前に一度問題を通読し、出題内容などを把握した上で、〈 準 備 〉の欄に表記してあるものを用意してから始めてください。
◆お子さまに絵の頁を渡し、出題者が問題文を読む形式で出題してください。問題を読んだ後で、絵の頁を渡す問題もありますのでご注意ください。
◆「分野」は、問題の分野を表しています。弊社の問題集の分野に対応していますので、復習の際の目安にお役立てください。
◆一部の描画や工作、常識等の問題については、解答が省略されているものがあります。お子さまの答えが成り立つか、出題者が各自でご判断ください。
◆〈 時 間 〉につきましては、目安とお考えください。
◆学習のポイントは、指導の際にご参考にしてください。
◆【おすすめ問題集】は各問題の基礎力養成や実力アップにご使用ください。

## 〈本書ご使用にあたっての注意点〉

◆文中に この問題の絵は縦に使用してください。 と記載してある問題の絵は縦にしてお使いください。
◆〈 準 備 〉の欄で、クレヨンと表記してある場合は12色程度のものを、画用紙と表記してある場合は白い画用紙をご用意ください。
◆文中に この問題の絵はありません。 と記載してある問題には絵の頁がありませんので、ご注意ください。尚、問題の絵の右上にある番号が連番でなくても、中央下の頁番号が連番の場合は落丁ではありません。
下記一覧表の●がついている問題は絵がありません。

| | | | | | | | | | |
|---|---|---|---|---|---|---|---|---|---|
| 問題1 | 問題2 | 問題3 | 問題4 | 問題5 | 問題6 | 問題7 | 問題8 | 問題9 | 問題10 |
| | | | | | | | | ● | ● |
| 問題11 | 問題12 | 問題13 | 問題14 | 問題15 | 問題16 | 問題17 | 問題18 | 問題19 | 問題20 |
| | | | | | | | | | ● |
| 問題21 | 問題22 | 問題23 | 問題24 | 問題25 | 問題26 | 問題27 | 問題28 | 問題29 | 問題30 |
| ● | ● | | | | | | | | |
| 問題31 | 問題32 | 問題33 | 問題34 | 問題35 | 問題36 | 問題37 | 問題38 | 問題39 | 問題40 |
| | | | | | | | | | ● |

# 〈西南学院小学校〉

◎学習効果を上げるため、前掲の「家庭学習ガイド」をお読みになり、各校が実施する入試の出題傾向を、よく把握した上で問題に取り組んでください。
※問題を始める前に、巻頭の「本書ご使用方法」「本書ご使用にあたっての注意点」をご覧ください。

## *2021年度の最新問題*

### 問題1　分野：図形（回転図形・同図形さがし）

〈準　備〉　クーピーペン（青）

〈問　題〉　（問題１の１番上の段の問題は練習として提示）
左の四角に描いてある形が回転します。同じ形ははどれでしょうか。右の四角から選んで○をつけてください。

〈時　間〉　各20秒

### 問題2　分野：図形（図形の構成）

〈準　備〉　クーピーペン（青）

〈問　題〉　（問題２の１番上の段の問題は練習として提示）
左の形を作るのに使わない形はどれでしょうか。右の四角の中から１つ選んで○をつけてください。

〈時　間〉　各15秒

### 問題3　分野：常識（仲間はずれ）

〈準　備〉　クーピーペン（青）

〈問　題〉　（問題３の１番上の段の問題は練習として提示）
それぞれの四角の中で仲間はずれはどれでしょうか。１つ選んで○をつけてください。

〈時　間〉　各20秒

## 問題4　分野：数量（選んで数える・比較）

〈準備〉　クーピーペン（青）

〈問題〉　**この問題の絵は縦に使ってください。**
（問題4－1の1番上の段の問題は練習として提示）
左の四角のものの数を数えてください。その数が少ない順に並んでいるものを真ん中の四角から選んで、それぞれの右の四角に○をつけてください。

〈時間〉　各20秒

## 問題5　分野：言語（言葉の音）

〈準備〉　クーピーペン（青）

〈問題〉　（問題5の1番上の段の問題は練習として提示）
四角に描いてあるもののそれぞれの言葉の音の数を数えてください。音の数が違うものを選んで○をつけてください。

〈時間〉　各20秒

**家庭学習のコツ①　「先輩ママのアドバイス」を読みましょう！**

本書冒頭の「先輩ママのアドバイス」には、実際に試験を経験された方の貴重なお話が掲載されています。対策学習への取り組み方だけでなく、試験場の雰囲気や会場での過ごし方、お子さまの健康管理、家庭学習の方法など、さまざまなことがらについてのアドバイスもあります。先輩ママの体験談、アドバイスに学び、ステップアップを図りましょう！

## 問題6　分野：お話の記憶

〈準 備〉　クーピーペン（青）

〈問 題〉　お話をよく聞いて、後の質問に答えてください。

今日はゆうこちゃんのお家にお友だちを招待する日です。
ゆうこちゃんとお母さんは朝から準備で大忙しです。
お母さんがゆうこちゃんに「おやつは何が食べたいかしら？」と聞きました。
ゆうこちゃんは「ドーナツがいいかなあ？やっぱりアイスクリームもよろこぶと思うし。プリンも大好き。どれにしよう…」ゆうこちゃんは迷いましたが「お母さんプリンを買ってきて」とお母さんにお願いしました。
お母さんがお買い物に行く間、ゆうこちゃんは１人でお留守番です。
「お母さんがいない間にお片付けをしよう」
ゆうこちゃんは　洗濯物をたたみました。そのあとお洋服を着替えることにしました。
「今日はどの洋服にしようかしら」
ゆうこちゃんは１番好きな水玉模様のスカートに上は花柄の上着に着替えました。お着替えをした後は　テーブルにお友だちのお皿を並べて準備をしました。
お母さんがお買い物から帰ってきました。
「ゆうこちゃんごめんなさいね。頼まれていたプリンが今日はなかったのでかわりにドーナツをかってきたわ」お庭を見るとチューリップとカーネーションのお花がきれいに咲いています。ゆうこちゃんはお庭に出てお花を取って花瓶にさして飾りました。お部屋には大好きなクマのぬいぐるみが落ちていました。そっとソファーに置くとお母さんが「ソファーは今日はお友だちが座るからぬいぐるみはベッドに置いてきてね」と言ったのでクマのぬいぐるみはゆうこちゃんのお部屋のベッドの上に置きました。テーブルの上にはいつもお絵描きするペンもあったので筆箱に片づけてお部屋の机の引き出しにしまいました。
「ゆうこちゃん、こんにちは」
ゆうこちゃんのお友だちがやってきました。全部で６人のお友だちです。
みんなで仲良く遊んでおやつも食べました。
その後みんなで動物園に行きました。　サルやゾウやライオントラなどたくさんの動物を見ました。好きな動物の絵を描くことになりました。
「何を描こうかしら？」おともだちはみんなライオンを描くことにしました。でもゆうこちゃんは「私はやっぱりゾウが好きだからゾウの絵を描くわ」と言ってゾウの絵を描きました。お友だちとたくさん遊んで本当に楽しい１日でした。

（問題６の絵を渡す）
①ゆうこちゃんのおうちに遊びに来たお友だちは何人だったでしょう。同じ数のものを選んで○をつけましょう。
②ゆうこちゃんの好きな動物は何でしょう。選んで○をつけましょう。
③花びんに飾ったお花はどれでしょう。選んで○をつけましょう。
④ゆう子ちゃん来ていたスカートはどれでしょう。選んで○をつけましょう。
⑤お母さんが買ってきたおやつは何でしょうか。選んで○をつけましょう。
⑥ゆうこちゃんがくまのぬいぐるみを置いた場所はどこでしょう。選んで○をつけましょう。

〈時 間〉　各15秒

## 問題7　分野：制作

〈準 備〉　クーピーペン（12色）、ハサミ、のり

〈問 題〉　（問題７の絵を渡す）
①点線を青色のクーピーペンでなぞりましょう。
②その中を好きな色で塗ってください。

〈時 間〉　５分程度

## 問題8　分野：口頭試問（お話づくり）

〈準 備〉　なし

〈問 題〉　（１人ずつ番号を呼ばれ、部屋に入り座って以下の質問を受ける）
（問題８の絵を見せる）
次の３枚の絵を使って、お話を作ってください。

〈時 間〉　10分程度

## 問題9　分野：行動観察

〈準 備〉　おりがみ（５色程度、各１枚）

〈問 題〉　この問題の絵はありません。
（折り紙を渡して）
①好きな色の折り紙を選んでください。
②このように（見本を見せる）折り紙を三角に折ってください。
③「どうしてその色が好きなのですか」と質問される。
④（答えた後）「この三角から何が作れそうですか」と質問される。

〈時 間〉　適宜

## 問題10　分野：運動

〈準 備〉　なわとび

〈問 題〉　この問題の絵はありません。
①ラジオ体操（先生がお手本を見せ、その後行う）
②「やめ」と言うまでなわとびを続けてください。

〈時 間〉　適宜

**家庭学習のコツ②　「家庭学習ガイド」はママの味方！**

問題演習を始める前に、試験の概要をまとめた「家庭学習ガイド（本書カラーページに掲載）」を読みましょう。「家庭学習ガイド」には、応募者数や試験科目の詳細のほか、学習を進める上で重要な情報が掲載されています。それらの情報で入試の傾向をつかみ、学習の方針を立ててから、対策学習を始めてください。

# 問題 1

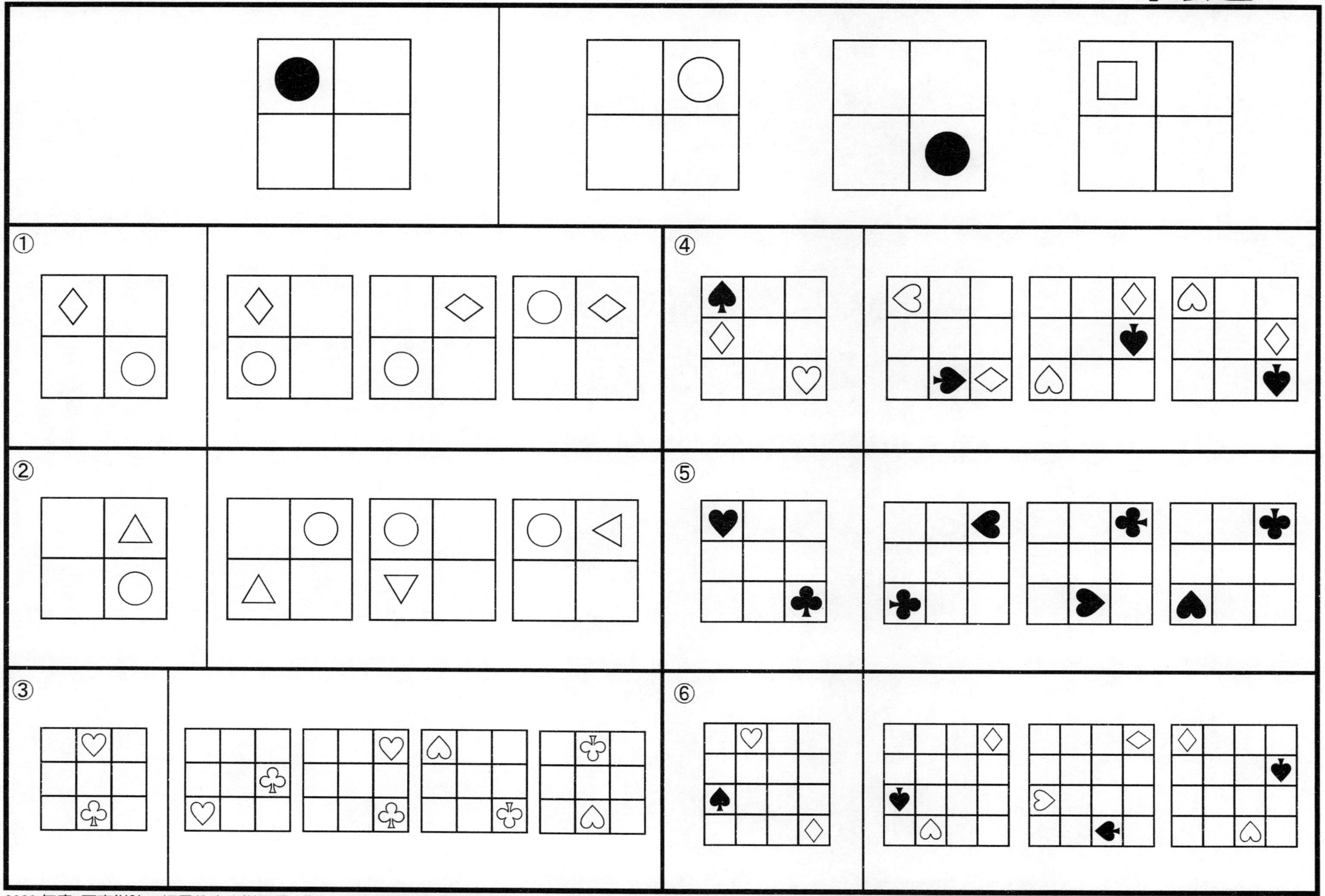

問題 2

☆西南学院小学校

① ② ③

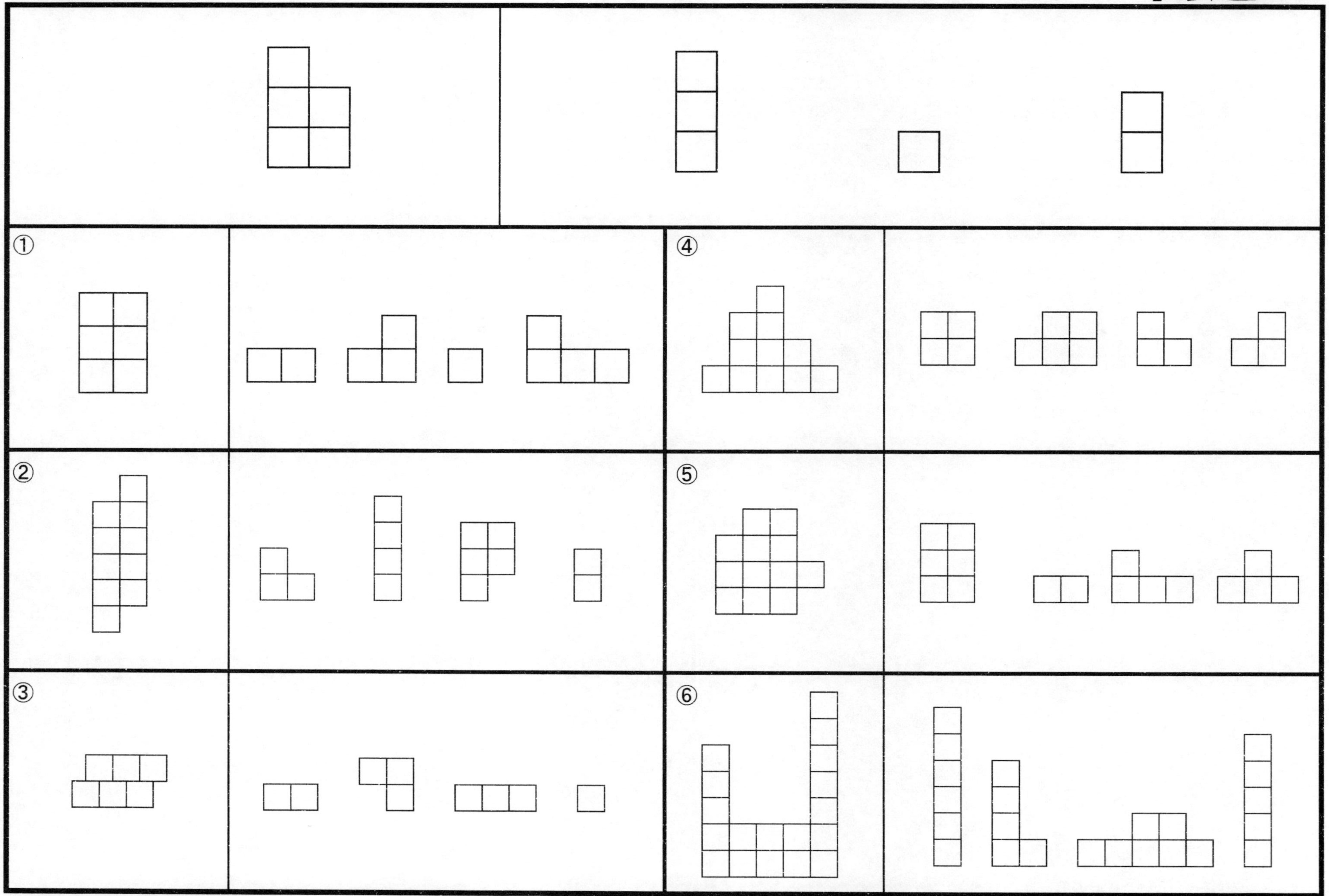

# 問題 3

①

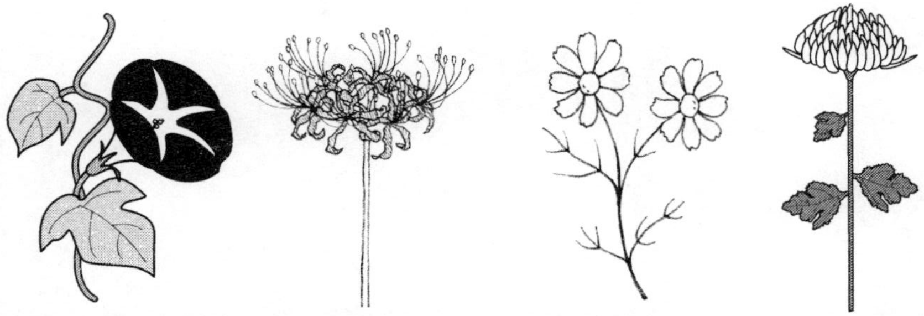

②

③

④

⑤

⑥

問題 4 - 1

☆ 西南学院小学校

日本学習図書株式会社

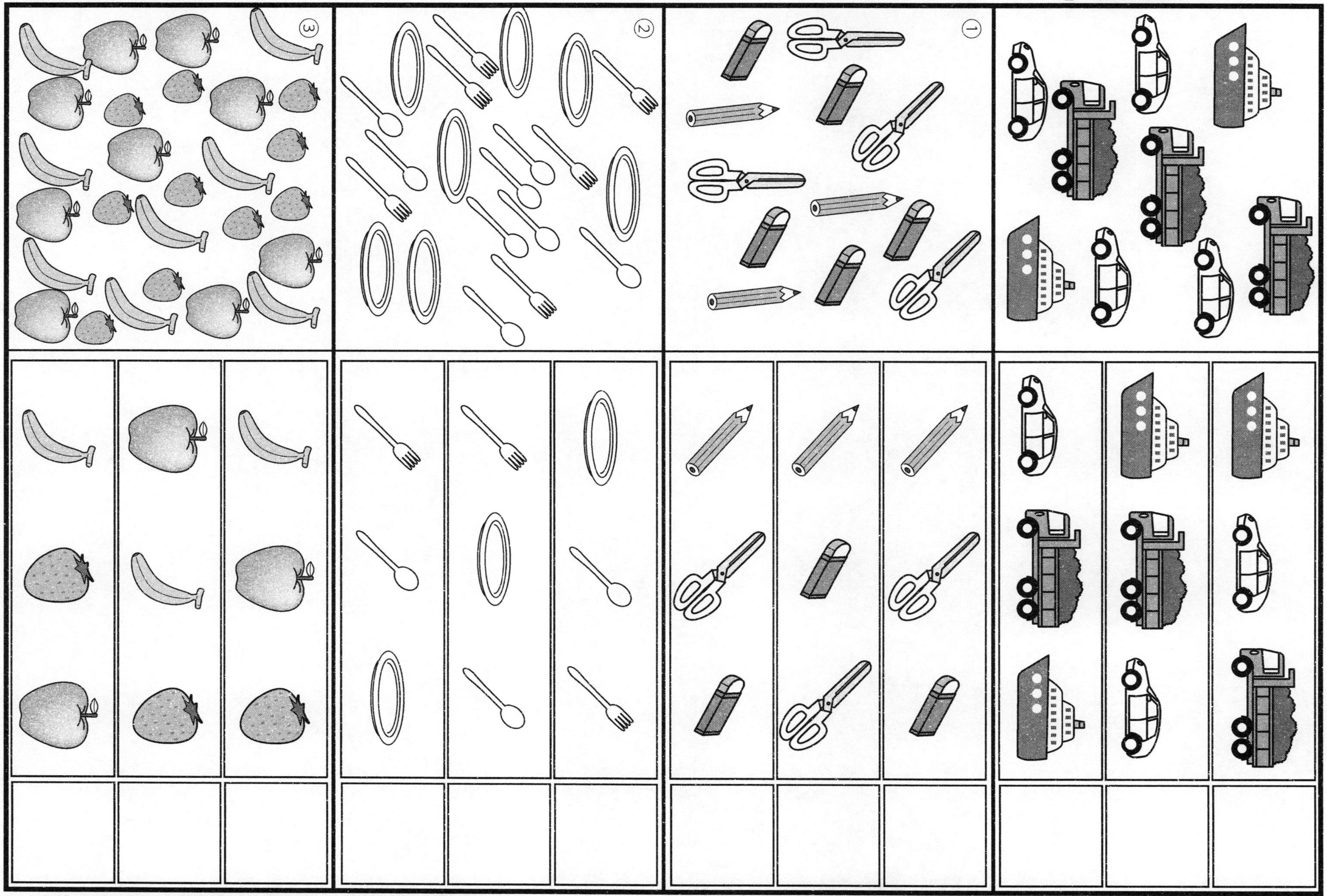

# 問題４－２

④

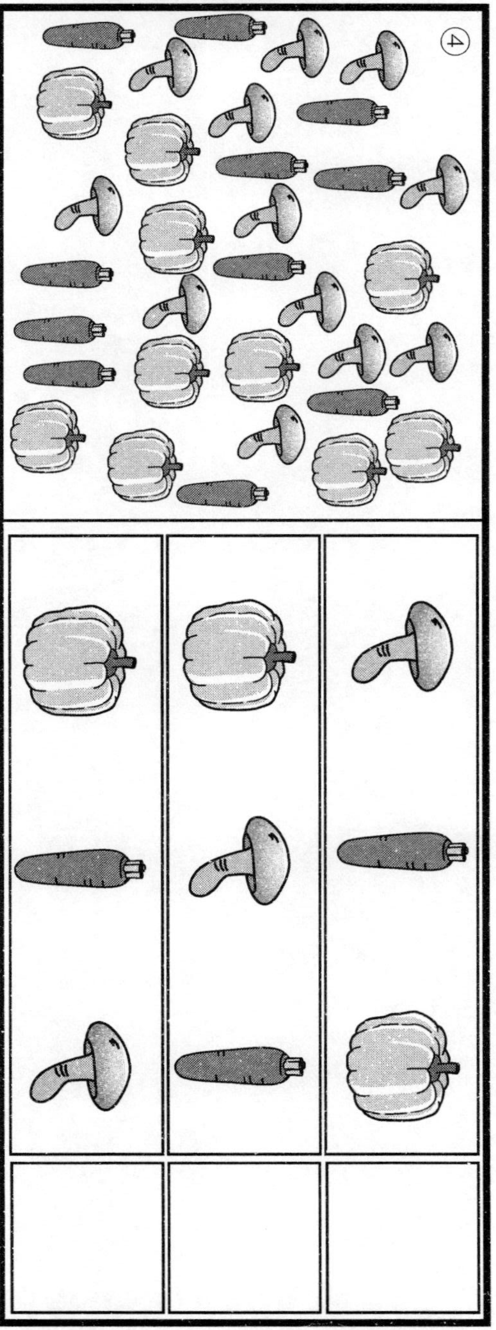

⑤

⑥

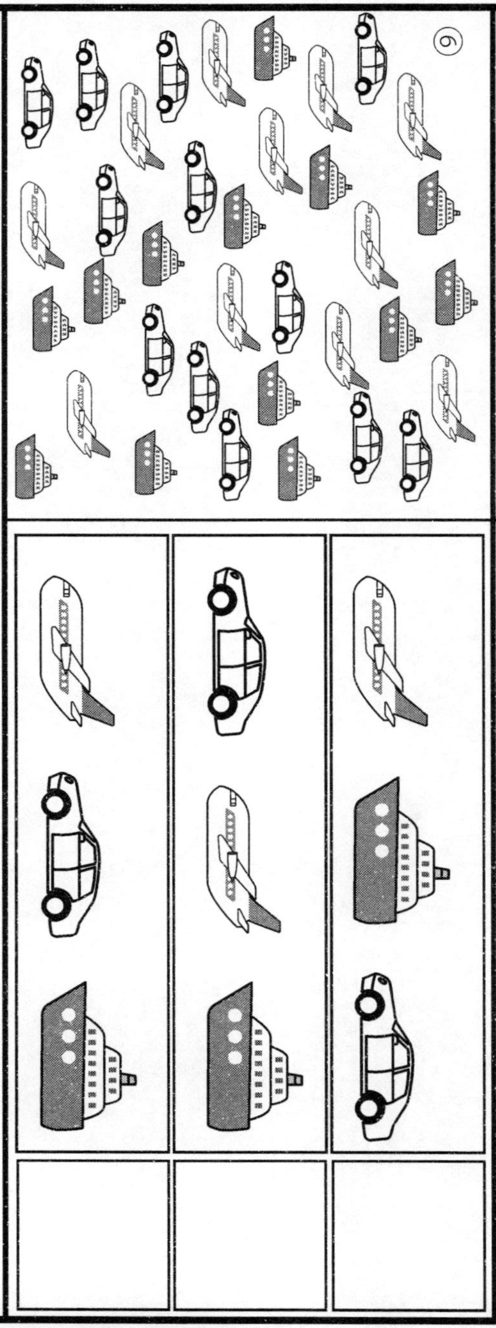

   日本学習図書株式会社

☆西南学院小学校

# 問題5

①

④

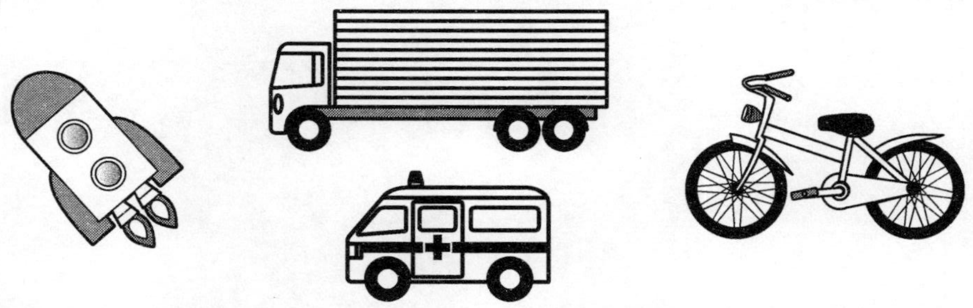

②

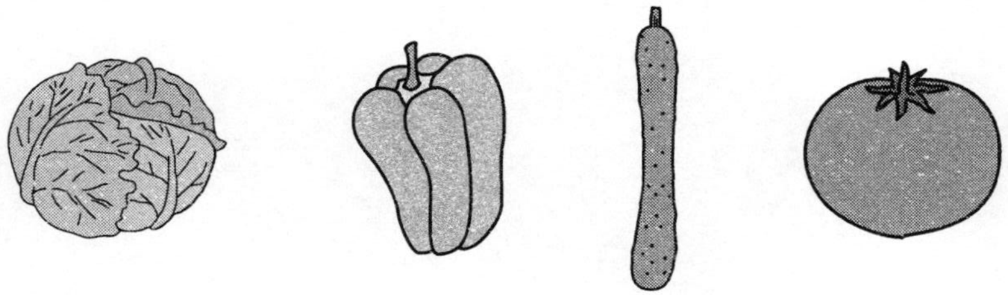

⑤

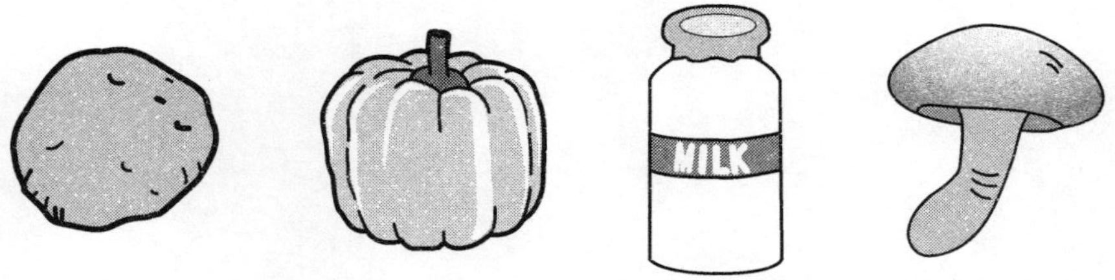


③

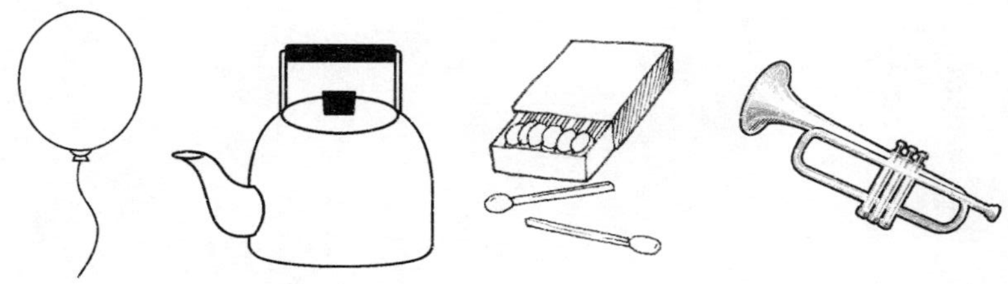

⑥

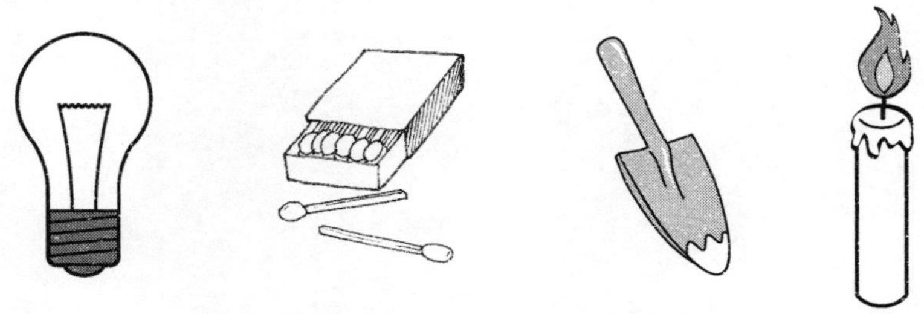

 



日本学習図書株式会社

☆西南学院小学校

# 問題 6

①

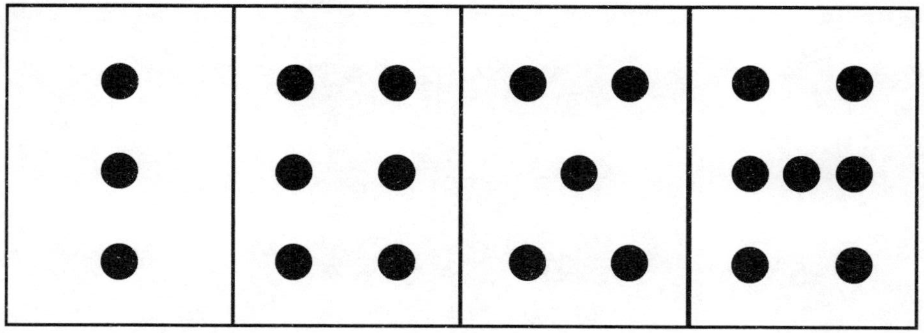

②

③

④

⑤

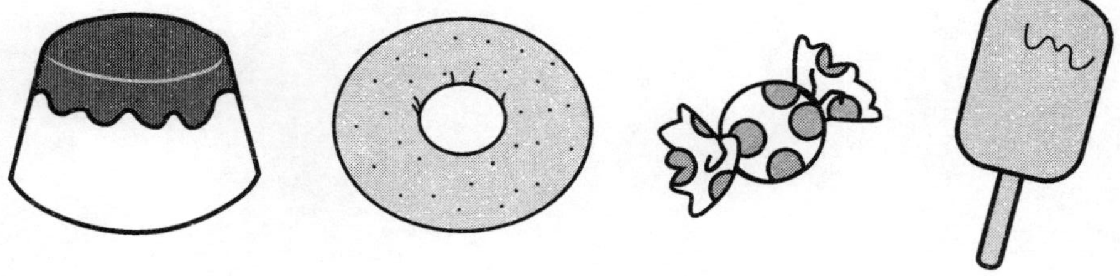

⑥

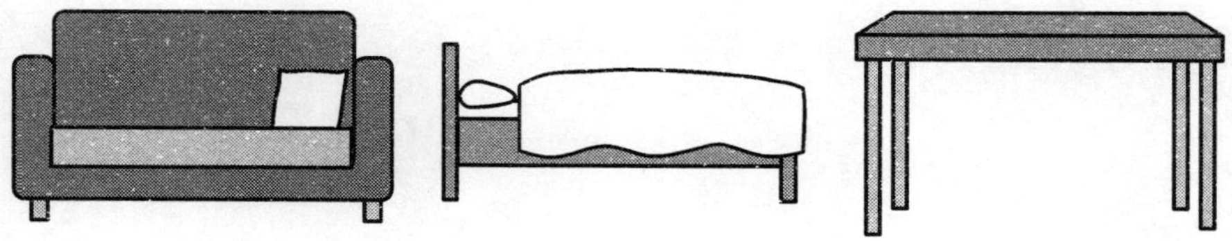

☆西南学院小学校

2022 年度 西南学院・福岡教育大学附属 過去 無断複製／転載を禁ずる 日本学習図書株式会社

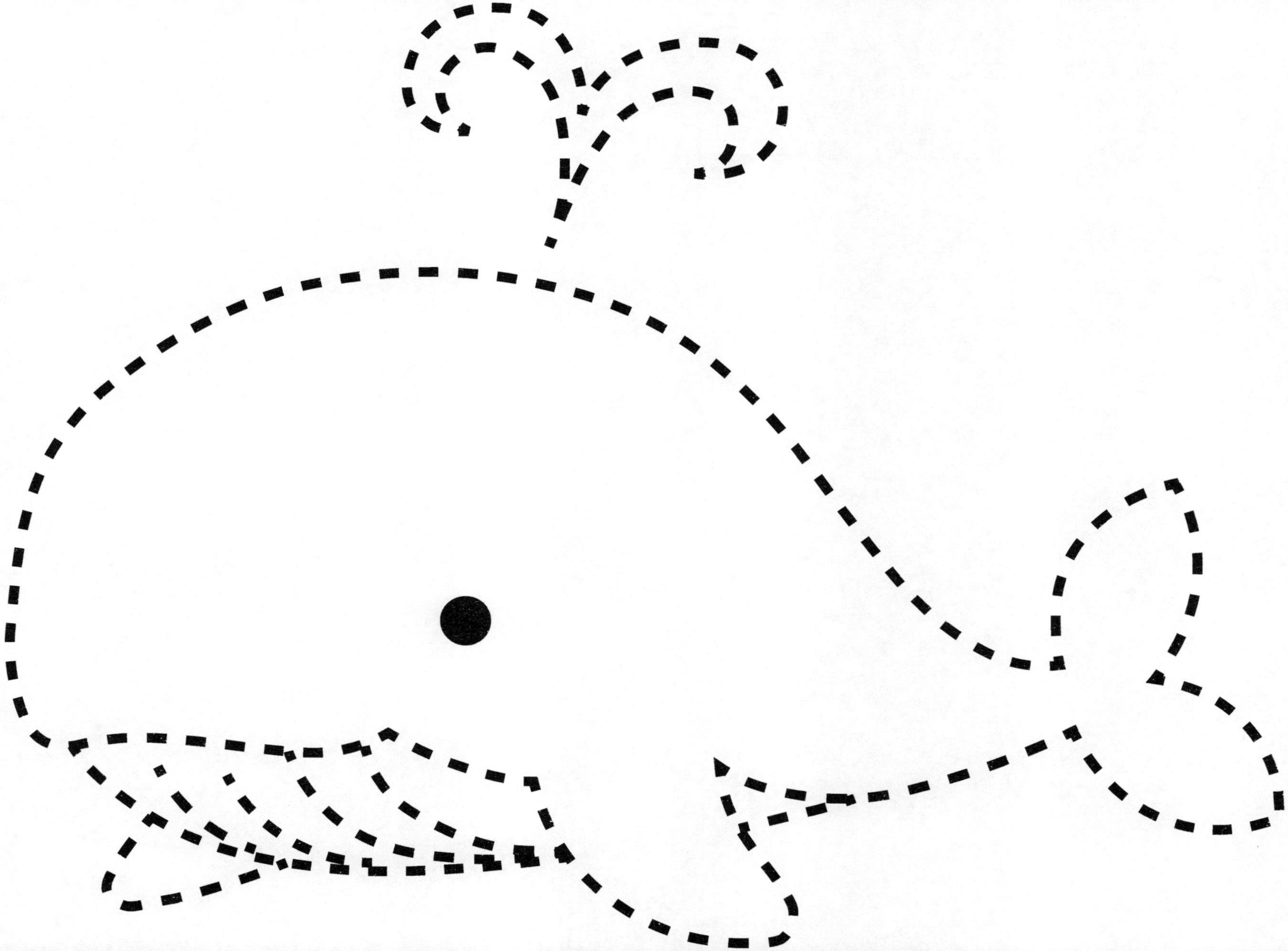

問題 8

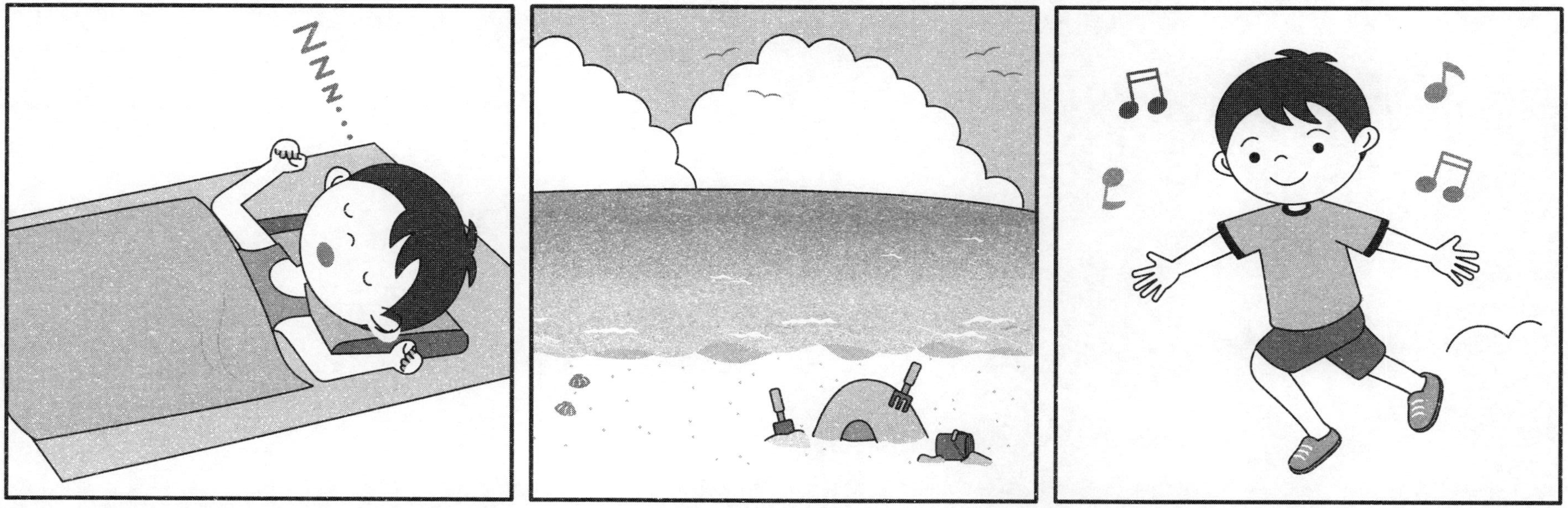

# 2021年度入試
# 解答例・学習アドバイス

解答例では、制作・巧緻性・行動観察・運動といった分野の問題の答えは省略されています。こうした問題では、各問のアドバイスを参照し、保護者の方がお子さまの答えを判断してください。

## 問題1　分野：図形（回転図形・同図形さがし）

〈解 答〉　下図参照

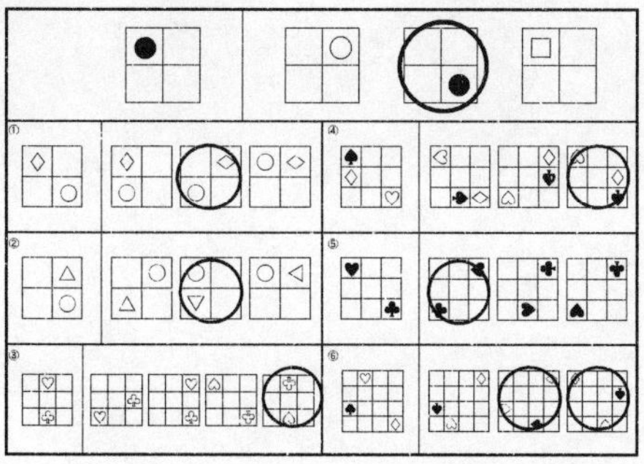

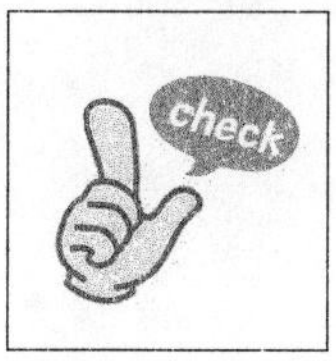


回転図形の問題では、四角形を「1回右に回す」という指示は、「右に90度回転させる」という意味になります。小学校受験独特の表現なので注意してください。この問題の考え方は、図形全体を回転させるとどうなるかと考えて同じ形をさがすのではなく、左の絵（回転する前の絵）の○など記号が「どこに移動するか」と考え、その時、ほかの記号が左の絵と矛盾しない形を選択肢から選ぶという解き方の方がスムーズです。例えば①の場合、○が回転して左上のマスに来たなら、◇は右下のマスにないとおかしいなどと考えるわけです。⑥は答えが2つあります。答えが1つだと思い込んでいると2つ目の答えを見逃すかもしれません。注意してください。

【おすすめ問題集】
　Ｊｒ・ウォッチャー5「回転・展開」、46「回転図形」

## 問題2　分野：図形（図形の構成）

〈解答〉　下図参照

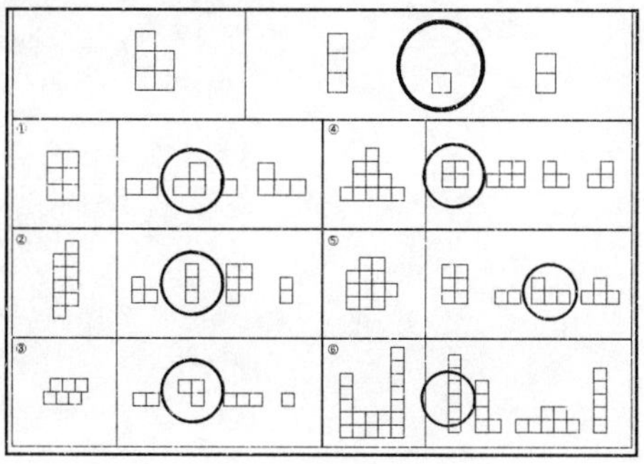

図形問題では、数多くの形に触れるということが理解へとつながっていきます。「触れる」というのは、比喩的な話ではなく、実際に触るという意味の「触れる」です。本問も頭で考えるのではなく、切り取って手を動かして正解を見つけてみましょう。そうした正解へとたどり着く試行錯誤の中で、新たな発見も数多くあります。「この形とこの形を組み合わせるとこんな形になるんだ」といった、正解への道ではないところに、図形の感覚を磨く可能性が落ちていたりすることもあるのです。そうした発見は、お子さまの学習への意欲にもつながっていきます。

【おすすめ問題集】

Ｊｒ・ウォッチャー45「図形分割」、54「図形の構成」

## 問題3　分野：常識（仲間はずれ）

〈解答例〉（練習）○：チューリップ（ほかは夏に咲く花）
①○：アサガオ（ほかは秋に咲く花）
②○：クジラ（ほかは魚）
③○：ダイコン（ほかは夏に採れる野菜）
④○：ゲンゴロウ（ほかは地上に棲む虫）
⑤○：左端（ほかは「桃太郎」に登場する生きもの）
⑥○：コウモリ（ほかは鳥）

例年出題されているマナーの常識問題は出題されませんでしたが、「仲間はずれ」の問題が出題されました。この問題に答えるには幅広い知識が必要になるので、見かけよりは難しい問題と言えるでしょう。動植物の知識や生活知識、昔話などの知識がここでも聞かれています。過去問題を解いて知識を得てもよいのですが、できればふだんの生活で得られるものは体験して覚えていきましょう。図鑑の花を見るよりは、実際に咲いている様子を見る、動物園に行って動物の姿を見た方がお子さまの印象に残るということです。

【おすすめ問題集】

Ｊｒ・ウォッチャー11「いろいろな仲間」、27「理科」、55「理科②」

## 問題4　分野：数量（選んで数える・比較）

〈解答〉　下図参照

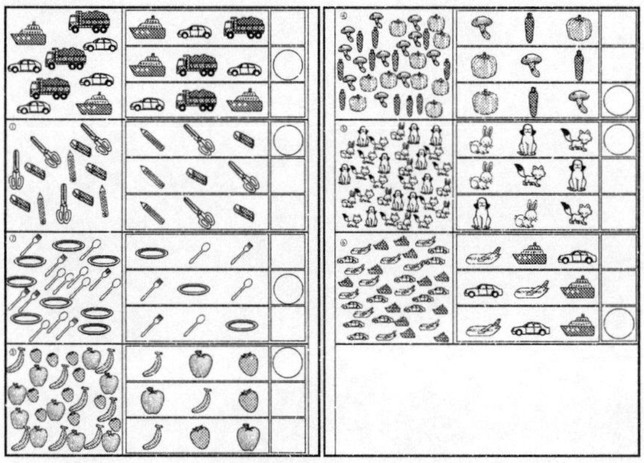

左側のものの数を比べ、右側で少ない順に並んでいるものを選ぶ、という問題です。3問目ぐらいまでは問題ないでしょうが、それ以降はいちいち数えていては時間が足りなくなりそうです。時間内にスムーズに答えるには、ひと目見て「～が1番多く、～1番少ない」という勘が働くにようにしておいた方がよいでしょう。「数に対する感覚」といったりしますが2つのものの多少や大体の数がわかるといった感覚があれば、こうした問題を解く時に有利なのです。これは特別なものではなく、日々の生活の中で数に関する経験を積めばいつの間にかついている感覚です。保護者の方はお子さまにそういった経験を積ませるように努めれば充分です。

【おすすめ問題集】

Ｊｒ・ウォッチャー37「選んで数える」

## 問題5　分野：言語（言葉の音）

〈解 答〉　下図参照

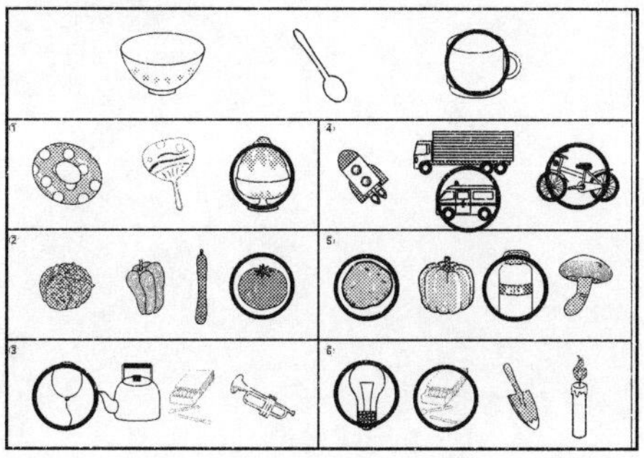

言葉の音に関する問題です。まず大前提として、描かれている絵が何かがわからないと答えることができません。絵が何をさしているのかがわかれば、ほとんど正解できるとも言えます。言葉を音としてとらえることができ、年齢相応の語彙力があれば、それほど難しい問題ではないでしょう。できれば生活の中で言葉を覚えてください。こうした問題では言葉の使い方は聞かれませんが、そのものの特徴を常識の１つとして覚えれば、受験にも役立つ知識になります。例えば、トマトの絵を見て「これはトマトの絵」と覚えるよりは「夏に採れるトマトの絵」と覚えた方がよい、ということです。

【おすすめ問題集】

Ｊｒ・ウォッチャー17「言葉の音遊び」、18「いろいろな言葉」
60「言葉の音（おん）」

## 問題6　分野：お話の記憶

〈解 答〉　下図参照

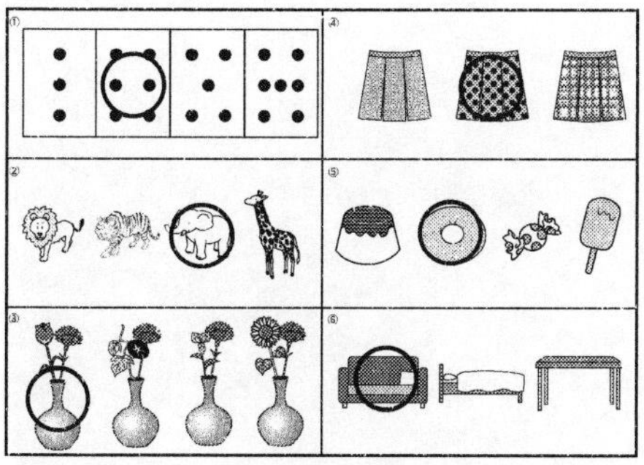

お話はそれほど長くありませんが、登場するものの数や細部についての質問があるので簡単な問題とは言えません。ミスを防ぐには以下のような工夫をしてお話を聞いてみてください。①お話の流れ（あらすじ）を把握する。②数や色、順番など質問されそうな表現は頭の中で復唱する。①は読み聞かせなどを習慣にすれば自然と身に付くことですが、②は受験のためのテクニックと言えるかもしれません。数多くこうした問題を解けば、②も無意識にできるようになるのですが、最初のうちは意識してみてください。

【おすすめ問題集】

１話５分の読み聞かせお話集①・②、１話７分の読み聞かせお話集入試実践編①、
お話の記憶 初級編・中級編・上級編、Ｊｒ・ウォッチャー19「お話の記憶」

## 問題7　分野：制作

線を引く、塗り絵という運筆（筆記用具の使い方）を通して巧緻性（手先の器用さ）を観る問題です。特に難しいものではありませんが、慣れていないと時間が掛かる作業ですから、ある程度は練習しておいた方がよいでしょう。出来栄えはあまり評価されませんが、あまり雑だと筆記用具がうまく使えないのではないか、根気がないのではないかといった評価を受けるかもしれません。制限時間内に終えることも意識しながら、その中でできるだけていねい作業を進めてみてください。

【おすすめ問題集】

実践 ゆびさきトレーニング①②③ 、Ｊｒ・ウォッチャー23「切る・貼る・塗る」

## 問題8　分野：口頭試問（お話づくり）

例年出題されている３枚の絵を使ってお話を考えるという課題です。特に難しいものではなさそうですが、慣れていないとなかなかお話は思いつかないものですから、このパターンのお話づくりの練習はしておいた方がよさそうです。内容についてはよほど突拍子のないものでければ、つじつまが合っていなくても、面白くなくてもかまいません。この課題の観点は「自分の思っていることを相手に伝えられるか」「年齢なりの語彙があるか（言葉を知っている）」というものです。

【おすすめ問題集】

新口頭試問・個別テスト問題集、Ｊｒ・ウォッチャー21「お話作り」

**家庭学習のコツ④　効果的な学習方法～お子さまの今の実力を知る**

１年分の問題を解き終えた後、「家庭学習ガイド」に掲載されているレーダーチャートを参考に、目標への到達度をはかってみましょう。また、あわせてお子さまの得意・不得意の見きわめも行ってください。苦手な分野の対策にあたっては、お子さまに無理をさせず、理解度に合わせて学習するとよいでしょう。

## 問題9　分野：行動観察

行動観察の課題です。折り紙を三角に折るという作業は簡単なものなので、ポイントはそれ以降の部分、「それを使って何を作る」という質問にあります。もちろん、何を作るかという意味での発想力は評価されるのですが、それよりもチェックされるのは「自分の考えていることを相手に伝える能力」、つまりコミュニケーション能力です。「この三角形を～にして～を作る」といったことを相手に伝えられればよいでしょう。アーティストの素養のあるお子さまを入学させたいわけではありませんから、お子さまには「聞かれたことを相手にわかるように答えなさい」と言っておきましょう。

【おすすめ問題集】

Ｊｒ・ウォッチャー29「行動観察」

## 問題10　分野：運動

感染症対策のため内容の変更があり、接触のないなわとびを行ったようです。この課題もそうですが、小学校受験の運動の課題はできた・できないはあまり関係がありません。年齢なりの体力がないと判断されれば別ですが、基本的には取り組む姿勢や指示を理解できているかが評価されると考えてください。試験前の準備をする時は、お子さまにあまりプレッシャーをかけないようにしてください。「できないとだめ」と思っているとふだんできることでもできないようになるものです。

【おすすめ問題集】

新運動テスト問題集、Ｊｒ・ウォッチャー28「運動」

## 2021年度以前の問題

### 問題11　分野：図形（重ね図形）

〈準備〉　クーピーペン（青）

〈問題〉　（問題11－1の1番上の段の問題は練習として提示）
左の2つの形を重ねた時にできる形はどれでしょうか。右の四角の中から選んで○をつけてください。

〈時間〉　各20秒

〈解答〉　①右　②右　③左　④真ん中　⑤真ん中　⑥左

［2020年度出題］

**学習のポイント**

まずは、2つの形を重ねるという感覚をつかめるようにしましょう。重ねるということは、2つの形のうちのどちらかを動かす必要があります。この動かすという作業を頭の中で行うことは、お子さまの年齢では保護者の方が思っている以上に難しいことです。出題はペーパーテストではありますが、それ以前の段階として実際に形を動かす様子を目で見えるようにするとスムーズに理解できるようになります。方法としては、2つの形のどちらかを透明なシート（クリアファイルなど）に書き写して、もう1つの形に重ねます。そうすると正解の形が出来上がります。この「自分で動かす」ということが大切なのです。そうして、手を動かし、目で見ることで「図形感覚」が養われていきます。小学校受験は体験が大切と言われますが、まさにこれが「体験」ということなのです。

【おすすめ問題集】
Ｊｒ・ウォッチャー35「重ね図形」

### 問題12　分野：数量（選んで数える・ひき算）

〈準備〉　クーピーペン（青）

〈問題〉　（問題12－1の1番上の段の問題は練習として提示）
左の四角のくだものとお菓子を同じ数にしたいと思います。お菓子はいくつたりないでしょうか。たりない数を右の四角の中から選んで○をつけてください。

〈時間〉　各20秒

〈解答〉　①左から2番目　②右端　③左から2番目
④右から2番目　⑤左端　⑥右から2番目

［2020年度出題］

## 学習のポイント

保護者の方は単純なひき算と考えるかもしれませんが、お子さまの立場に立ってみるといくつもの工程を経ないと正解にたどり着けないことがわかります。①くだものの数をかぞえる、②お菓子の数をかぞえる、③その差を考える、④選択肢の中から探す、という４段階です。本問を間違えてしまった時は、どこでミスをしたのかを保護者の方がしっかりと把握するようにしてください。数え間違いなのか、ひき算の間違いなのか、途中で数がいくつだったのかがわからなくなってしまうのか、という原因をはっきりさせることで、次にどんな学習をすればよいかがわかります。お子さまの得意・不得意を知ることは、学習の進め方の指針になります。お子さまのことをしっかりと見て、よりよい方向に導いていってあげてください。

【おすすめ問題集】

Ｊｒ・ウォッチャー37「選んで数える」、38「たし算・ひき算１」、
39「たし算・ひき算２」

## 問題13　分野：言語（頭音探し）

〈準備〉　クーピーペン（青）

〈問題〉　左の四角の絵と同じ音で始まるものはどれでしょうか。右の四角の中から選んで○をつけてください。

〈時間〉　各20秒

〈解答〉　①真ん中（アメンボ）　②真ん中（虹）
③真ん中（オットセイ）　④真ん中（タンポポ）

［2020年度出題］

## 学習のポイント

まず、お子さまは言葉が音によって構成されていることを理解できているでしょうか。例えば、あじさいは「ア」「ジ」「サ」「イ」という４つの音からできているということです。小学校入試の言語分野の問題は、多くが「音」に関しての出題になります。それは、ひらがなの読み書きができないという大前提があるからです。つまり、言語と言っても、その中心は「聞く」ということになります。そうしたことを保護者の方が理解して学習を進めるようにしてください。絵本の読み聞かせや、親子の会話も言語の学習です。と言うよりも、それらが学習の中心になるべきものなのです。そうした生活の中での学びをベースにして、ペーパー学習で志望校に合わせた対策をすることが、小学校入試の基本になります。

【おすすめ問題集】

Ｊｒ・ウォッチャー17「言葉の音遊び」、18「いろいろな言葉」
60「言葉の音（おん）」

## 問題14　分野：常識（マナーとルール）

〈準 備〉　クーピーペン（青）

〈問 題〉　①この中で正しい姿勢で勉強をしているのはどれでしょうか。選んで○をつけてください。
②この中で正しい鉛筆の持ち方はどれでしょうか。選んで○をつけてください。

〈時 間〉　各15秒

〈解 答〉　①左端　②左から２番目

[2020度出題]

### 学習のポイント

小学校入試全体の傾向として、本問のような常識分野の出題が多くなってきています。なぜ常識問題の出題が増えているのかわかるでしょうか。ひと言で言えば、「常識がなくなってきている」と学校が考えているからです。もし、全員が常識問題に正解できるなら、出題する意味はありません。それと同時に、学力だけでなく、「こうしたところも観ていますよ」という学校からのメッセージの意味合いもあります。常識問題で観られているのは、お子さまではなく保護者の方です。保護者がどういった躾や指導をしてきたのかが問われていると言ってもよいでしょう。学校がお子さまだけでなく、保護者までしっかり観ようとしていることの表れが、常識問題の出題増加につながっているのです。

【おすすめ問題集】
Ｊｒ・ウォッチャー12「日常生活」、30「生活習慣」、56「マナーとルール」

## 問題15　分野：分野：常識（マナーとルール）

〈準 備〉　クーピーペン（青）

〈問 題〉　①この中で正しい姿勢で食事をしているのはどれでしょうか。選んで○をつけてください。
②この中で正しい箸の持ち方はどれでしょうか。選んで○をつけてください。
③この中でお味噌汁のお椀はどれでしょうか。選んで○をつけてください。

〈時 間〉　各20秒

〈解 答〉　①右から２番目　②右端　③右から２番目

[2020年度出題]

## 学習のポイント

前問に引き続き常識問題が出題されています。ということは、この分野を重視していると考えることができます。本問は食事に関する問題ですが、当校では試験の合間にお弁当の時間があります。もし、本問が正解だったとしても、その時の箸の持ち方や食事の仕方がよくなかったとしたら、学校はどう考えるでしょうか。実際にそうしたところまで細かく観ているかどうかはわかりませんが、知識だけでなく行動をともなっておいた方がよいことは間違いないでしょう。こうした躾に関する習慣は、付け焼き刃で修正できるものではありません。もし、できていないと感じるようでしたら、試験までに少なくとも知識だけは身に付けるようにしておきましょう。

【おすすめ問題集】

Ｊｒ・ウォッチャー12「日常生活」、30「生活習慣」、56「マナーとルール」

## 問題16　分野：常識（日常生活）

〈準備〉　クーピーペン（青）

〈問題〉　絵を見て答えてください。
①ひじに○をつけてください。
②くるぶしに×をつけてください。
③かかとに△をつけてください。
④つま先に□をつけてください。
⑤かたに◎をつけてください。

〈時間〉　各10秒

〈解答〉　下図参照

［2020年度出題］

## 学習のポイント

最近ではあまり見かけることのない、身体の部位の名前を答える問題です。それほど難しい部位が問われているわけではないので、しっかりと正解しておきたいところです。できなかったとしたら、知識と言うよりは、生活の中で身体の部位の名前を知る経験が足りないということです。ペーパーで学習するのではなく、保護者の方とのコミュニケーション中で、伝えてあげるようにしてください。あくまでも生活の中で、経験させながら覚えていくことが理想です。また、解答方法としてさまざまな記号での記入が求められているので、最後まで問題を聞いてから答えるようにしましょう。わかっている問題で、ミスをするのは非常にもったいないことです。できる問題を確実に正解することが、合格のための最低条件と言えます

【おすすめ問題集】

Ｊｒ・ウォッチャー12「日常生活」、18「いろいろな言葉」

## 問題17　分野：お話の記憶

〈準備〉　クーピーペン（青）

〈問題〉　お話をよく聞いて、後の質問に答えてください。

今日は、青空が広がったとってもいい天気です。たろうくんとよしおくんのお母さんが「たろう。よしお。今日は天気がいいから公園にピクニックに行ってくればいいんじゃない」と言いました。
２人は元気いっぱいに歩き始めました。海の見える広い公園に着きました。公園にはブランコとシーソーがありました。たろうくんとよしおくんは公園で遊んだり、お絵描きをしたりしました。たろうくんは大きな木を２本描きました。よしおくんはヨットの絵を描きました。
おなかが空いたので、そろそろお弁当を食べようとリュックサックを開けると、よしおくんのリュックサックの中にはお弁当が入っていませんでした。たろうくんのお弁当には、タコさんウインナーとフライドポテトが入っていました。
「何から食べようかな」たろうくんは迷いましたが、はじめにタコさんウインナーをパクッと食べました。弟のよしおくんが大好きなフライドポテトをあげようと思いましたが、落としてしまいました。よしおくんは、「もうおなかが空いた」と言って座り込んでしまいました。
２人はお家に帰ることにしましたが、おなかが空いたので、お店に寄って何か食べるものを買うことにしました。はじめにお菓子屋さんに行きましたが、お店が閉まっていました。次にお饅頭屋さんに行きました。おいしそうなお饅頭がありましたが、並んでいたら、ちょうど前の人で全部売り切れになってしまいました。お店の人が、「売り切れてしまってごめんなさいね」と言ってくれましたがとても残念でした。次はケーキ屋さんを見つけて入りました。ケーキ屋さんで、お母さんとお兄ちゃんと弟の分のシュークリームを買いました。そして、シュークリームを１人１個ずつ食べました。
ケーキ屋さんの近くにはナノハナ畑が一面に広がっていました。ナノハナ畑を見ていると、何かが動いていました。「何だろう」近づいてみると隠れていたネコが１匹走って逃げていきました。
お家にはバスに乗って帰ることにしました。途中でたろうくんは電車が走っているのが見えました。今度は「電車に乗りたいな」と思っているうちに、たろうくんはバスの中で眠ってしまいました。

（問題17-１の絵を渡す）
①公園になかったものはどれでしょうか。選んで〇をつけてください。
②たろうくんが描いた絵には〇、よしおくんが描いた絵には△をつけてください。
③たろうくんが１番はじめに食べたお弁当のおかずは何でしょうか。選んで〇をつけてください。選んで〇をつけてください。
④公園に咲いていた花はどれでしょうか。選んで〇をつけてください。
（問題17-２の絵を渡す）
⑤ナノハナ畑から出てきたものは何でしょうか。選んで〇をつけてください。
⑥帰りにいくつのお店に行ったでしょうか。その数と同じものに〇をつけてください。
⑦帰りに乗った乗りものは何でしょうか。選んで〇をつけてください。

〈時 間〉　各15秒

〈解 答〉　①左端（すべり台）、左から２番目（ベンチ）
②〇：右から２番目（木２本）、△：左端（ヨット）
③左端（タコさんウインナー）　④左から２番目（ナノハナ）
⑤右端（ネコ）　⑥左から２番目（３つ）　⑦左下（バス）

［2020年度出題］

## 学習のポイント

お話は少し長く、設問の数も多めですが、質問が素直なので、問題としてはそれほど難しいものではありません。「公園になかったもの」「描いた絵」「はじめに食べたもの」「咲いていた花」「出てきたもの」「いくつのお店に行ったか」「乗った乗りもの」といった、キーワードになりそうなものから質問されているので、非常にわかりやすく、お話の記憶の基本とも言える内容になっています。例年、同様のパターンで出題されているので、読み聞かせを中心に、しっかり「聞く」ことができるようになれば対応できる問題です。その上で、類題に取り組んでいけば、当校のお話の記憶対策としては充分と言えるでしょう。

【おすすめ問題集】
1話5分の読み聞かせお話集①・②、お話の記憶 初級編・中級編・上級編

## 問題18　分野：巧緻性

〈準 備〉　（あらかじめ問題18の絵を真ん中の線で切り離しておく）
クーピーペンシル（12色）、ハサミ、のり

〈問 題〉　（問題18の左の絵を渡す）
①お店の絵が描いてあります。お星さまと女の子をオレンジのクーピーペンでなぞってください。そのほかのものは茶色でなぞってください。
②周りの太い線をハサミで切ってください。切ったら、お店屋さんの上の三角のところを後ろに折りましょう。
（問題18の右の絵を渡す）
③屋根の絵の周りの太い線をハサミで切ってください。
④切り取った絵をお店屋さん絵の上の三角のところに合わせて、のりで貼り付けてください。

〈時 間〉　10分程度

〈解 答〉　省略

［2020年度出題］

## 学習のポイント

作業としては、「線を引く」「折る」「切る」「貼る」の４つです。難しい指示があるわけではないので、それほど対策に力を入れる必要はないかもしれません。ただ、「道具を上手く使えているか」「道具をていねいに扱っているか」「後片付けはできているか」といったところがしっかりと行えるようにお子さまを指導してあげてください。お子さまにとっては楽しい作業なので、入試のためというのではなく、遊びの延長という感覚で学習を進めていくとよいでしょう。多少不器用でも問題ありません。ノンペーパーテスト全般に言えることですが、評価は結果だけではなく、過程も含まれています。制作物の出来以上に、どう取り組んだのかが観られているということです。

【おすすめ問題集】
実践 ゆびさきトレーニング①・②・③、
Ｊｒ・ウォッチャー23「切る・貼る・塗る」

## 問題19　分野：口頭試問

〈準 備〉　なし

〈問 題〉　（１人ずつ番号を呼ばれ、部屋に入り座って以下の質問を受ける）
①（問題19の絵を見せる）
次の２枚の絵を使って、短いお話を作ってください。
②いくつか質問するので答えてください。
・どこか行ってみたいところはありますか。
・（上記の質問に重ねて）誰と行きたいですか。どうしてそこに行きたいのですか。
・最近はまっていることは何ですか。
・（上記の質問に重ねて）誰といっしょにしますか。
・好きな食べものは何ですか。
・何かお手伝いはしていますか。

〈時 間〉　10分程度

〈解 答〉　省略

［2020年度出題］

## 学習のポイント

出題者と1対1の形式で、口頭で答える課題です。口頭試問では、相手の質問をよく聞いて、そのまま素直に答えるようにしてください。①は、お話作りの問題になります。絶対的な正解がある問題ではありませんが、絵と関連して1つのお話になっているかを保護者の方が確認してください。絵には描かれていない描写を付け加えてお話を広げていくことができれば、より高い評価になるでしょう。②は、面接に近い形の口頭試問です。特に意図のある質問というのではなく、雑談のような内容です。と言うことは、何を答えるかではなく、きちんとコミュニケーションがとれるかどうかがポイントになるでしょう。試験の会場では、1人が質問を受けている間、残りのお子さまは、お絵描きをしながら待っています。その際、「席を立たない」「おしゃべりをしない」などの指示があるので、気を抜かないようにしましょう。

【おすすめ問題集】

面接テスト問題集、新口頭試問・個別テスト問題集
Ｊｒ・ウォッチャー21「お話作り」

## 問題20　分野：行動観察

〈準　備〉　①新聞紙、風船、コーン、かご　②カプラ（板状の木製ブロック）

〈問　題〉　この問題の絵はありません。

①風船運びリレー（4人1組で行う）
・新聞紙の上に風船を1つ載せて、コーンのところまで走ってください。
・コーンのところにあるかごに風船を入れて戻ってきてください。
※1回目は新聞紙を広げたまま行う。2回目は新聞紙を半分にして行う。
【お約束】
走らない。騒がない。静かに行う。
新聞紙の端を持ってください。どうやって持つのかもみんなで話し合って決めましょう。
新聞紙の上に載せたら風船を触ってはいけません。おなかにもつけてはいけません。
途中で新聞紙が破れてしまったら、破れた新聞紙を使って続けてください。
風船を落としてしまった時は、風船を拾って、落としたところまで戻ってやり直してください。

②カプラで小学校を作ろう（4～5人のグループで行う）
スクリーンにお手本を映します。そのお手本のように作ってください。グループでいっしょに作りましょう。

〈時　間〉　適宜

〈解　答〉　省略

[2020年度出題]

## 学習のポイント

２つの集団行動が課題になっています。どちらも協調性が観られていると言えるでしょう。行動観察においては、どんな課題を行うかということはそれほど意味はありません。その課題の中で、どんな行動をするのかが観られているのです。本問も、①では非常に細かな指示が与えられています。それに対し、②ではかなり自由を与えられています。①ができただけでは、「指示は守れるが自分で積極的に考える（動く）ことができない」と判断されますし、②ができただけではその逆になります。指示を守ることは大切ですが、指示がない中でも考えて行動できるということも大切なのです。保護者の方が、「あれをしてはダメ」「これをしてはダメ」と言っていると、お子さまは指示を与えられないと行動できなくなってしまうので、注意しましょう。

【おすすめ問題集】
　新運動テスト問題集、Ｊｒ・ウォッチャー28「運動」、29「行動観察」

## 問題21　分野：制作（想像画）

〈準 備〉　Ａ４サイズの紙、クーピーペン（12色）

〈問 題〉　この問題の絵はありません。
先生がお話しすることを想像して絵を描いてください。

女の子が眠っています。夢を見ています。家族みんなで動物の国に行っている夢です。女の子は動物の国で何をしていると思いますか。

それでは絵を描いてください。

〈時 間〉　10分程度

〈解 答〉　省略

［2020年度出題］

## 学習のポイント

絵画の課題ではありますが、これもある種のコミュニケーションと言えるのかもしれません。テーマがあってそれに対しての答えを、言葉ではなく絵で描くということ、つまり表現方法が違うだけなのです。そして、何を描いたのか相手に伝わらなければよい評価にはなりません。絵が上手かどうかはあまり関係がありません。絵が上手でも、テーマと関係ないことが描かれていれば、問題を聞いていなかったと判断されるでしょう。反対に絵が上手ではなくても、意図が伝わればよい評価につながります。結局は、コミュニケーションができているかどうかということなのです。最近の小学校入試でよく見られる、絵を描いている最中に「何を描いているのですか」という質問は、当校ではなかったようです。そうした意図も絵で表現しなければならないので、意外と難しい課題と言えます。

【おすすめ問題集】
　Ｊｒ・ウォッチャー22「想像画」、24「絵画」

## 問題22　分野：運動

〈準備〉　マット、平均台、フラフープ、ゴムボール5個（色の違うもの）

〈問題〉　この問題の絵はありません。
①ラジオ体操（先生がお手本を見せ、その後全員で行う）
②サーキット運動
前転→ケンパ（パーケン、パーケン、パーケンケン）→かかし（片足立ち。「やめ」の指示があるまで）→平均台渡り→的あて（5色のボールから好きな色を1つ選び、2回投げる。的は壁に貼ったフラフープ）
終わったら三角座りをして待つ。

〈時間〉　適宜

〈解答〉　省略

［2020年度出題］

### 学習のポイント

小学校入試の運動の基本とも言える内容です。それぞれ難しいものではありませんし、できなかったとしても評価が大きく下がるというものでもありません。運動が得意でも不得意でも一生懸命取り組むということが1番です。小学校に入学して大きな問題なく運動ができるかどうかを観ているだけで、ずば抜けて運動神経のよいお子さまを入学させたいと考えているわけではないので、普通にできていれば充分です。特別な対策は必要ありません。もし、心配なら実際に課題をやってみるとよいでしょう。お子さまは意外とできてしまったりするものです。それよりも、「指示を聞く」ということをお子さまにしっかりと伝えるようにしてください。話を聞いていないということは、集団での行動の和を乱すことにつながり、大きなマイナスになってしまいます。

【おすすめ問題集】
新運動テスト問題集、Ｊｒ・ウォッチャー28「運動」、29「行動観察」

## 問題23　分野：見る記憶

〈準　備〉　クーピーペン（青）

〈問　題〉　絵をよく見て覚えてください。
（問題23-１の絵を30秒間見せた後に絵を伏せ、問題23-２の絵を渡す）
①先に渡した絵と違っているところに○をつけてください。
（問題23-３の絵を30秒間見せた後に絵を伏せ、問題23-４の絵を渡す）
②先ほどと同じように、違っているところに○をつけてください。

〈時　間〉　各20秒

〈解　答〉　下図参照

［2020年度出題］

### 学習のポイント

いわゆる間違い探しの問題です。それほど細かい違いを問うものではないので、確実に正解しておきたいところです。見る記憶の問題は、最初から集中して見てしまうと全体を見渡すことができなくなってしまうので、あまり絵に近づき過ぎず、眺めるように見るところから始めましょう。そこからピントを合わせるように、細部へと目を配っていきます。見る記憶には、絵がランダムに並んでいるものや１枚目の絵にあったもの（なかったもの）を選ぶ問題などがありますが、本文のような間違い探しの問題は、お子さまにとっても楽しみながらできる問題ですので、市販の間違い探しの本などを活用しながら、学習ということを意識させずに取り組んでいくとよいでしょう。

【おすすめ問題集】
Ｊｒ・ウォッチャー20「見る記憶・聴く記憶」

# 問題１１－１

れんしゅう

①

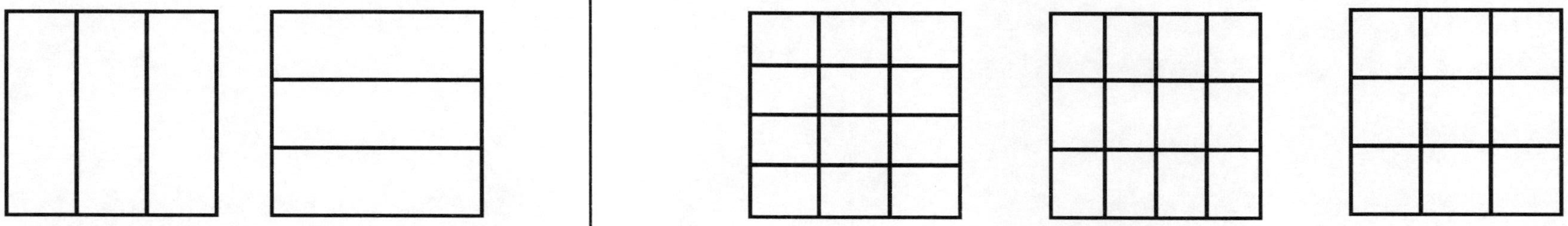

②

☆西南学院小学校

# 問題11－2

③

④

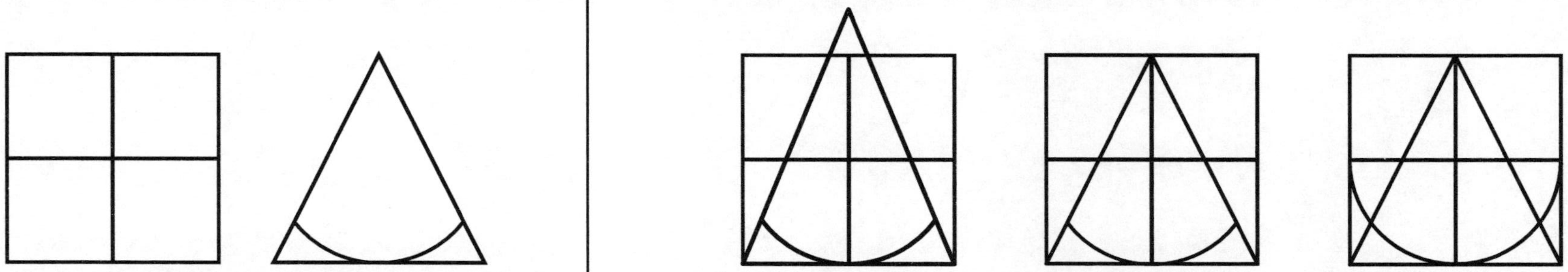

⑤

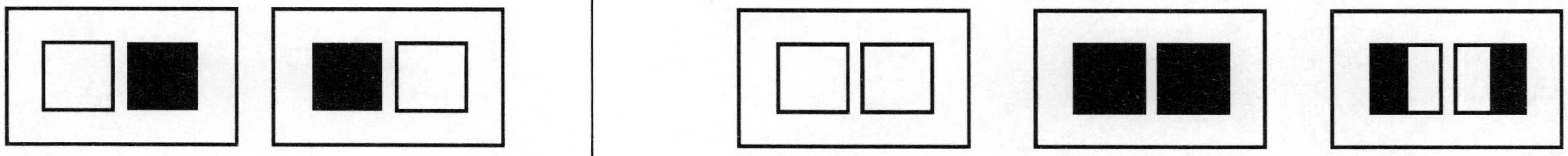

⑥

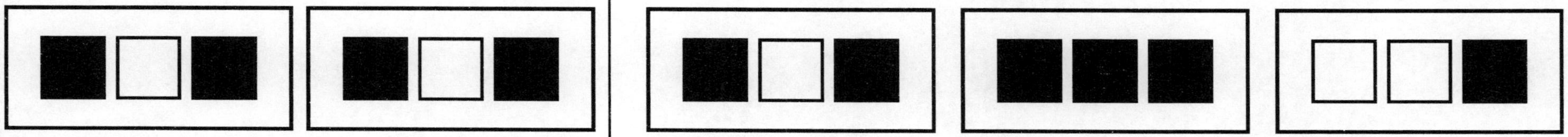

 

☆西南学院小学校

# 問題１２－１

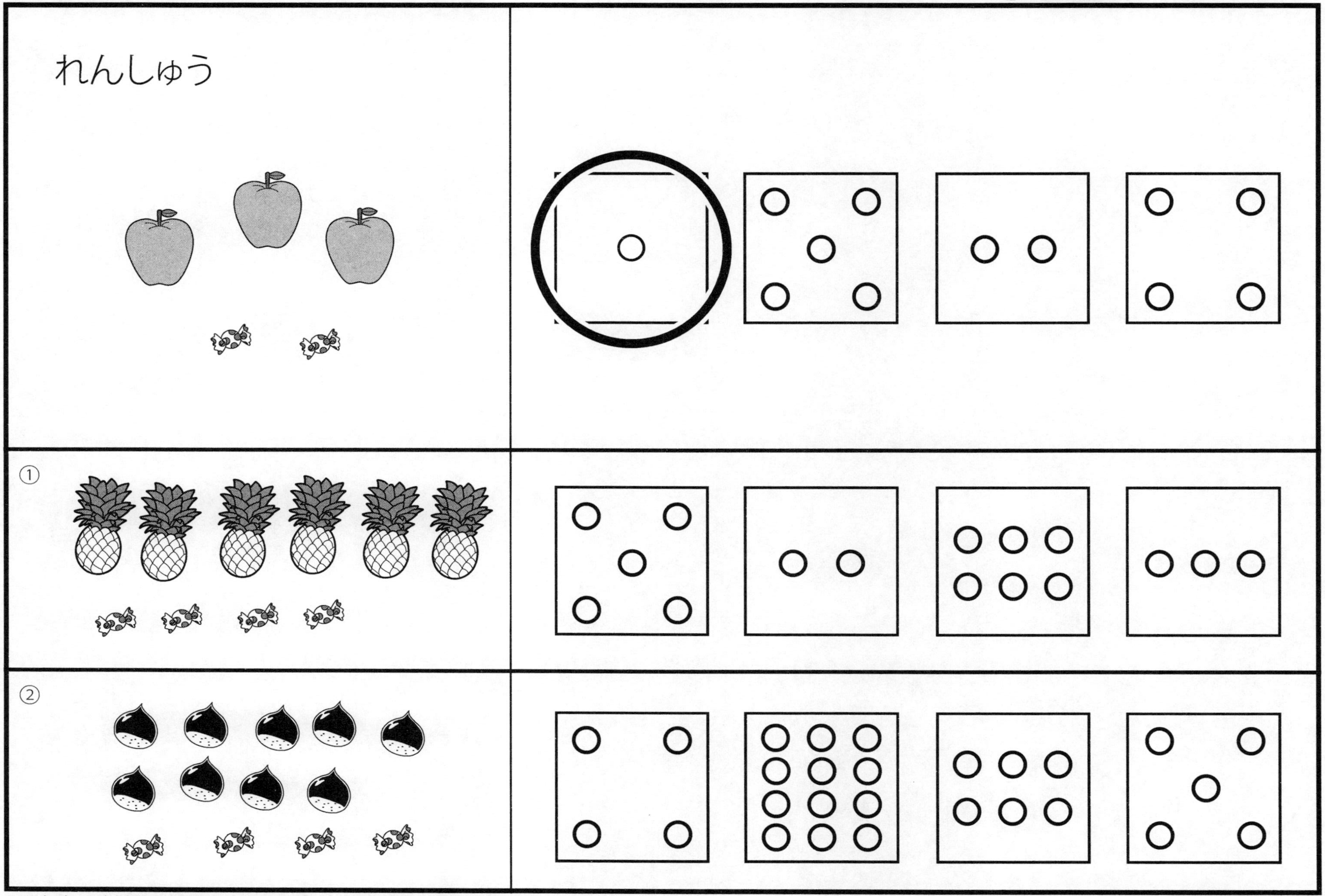

☆西南学院小学校

# 問題１２－２

③

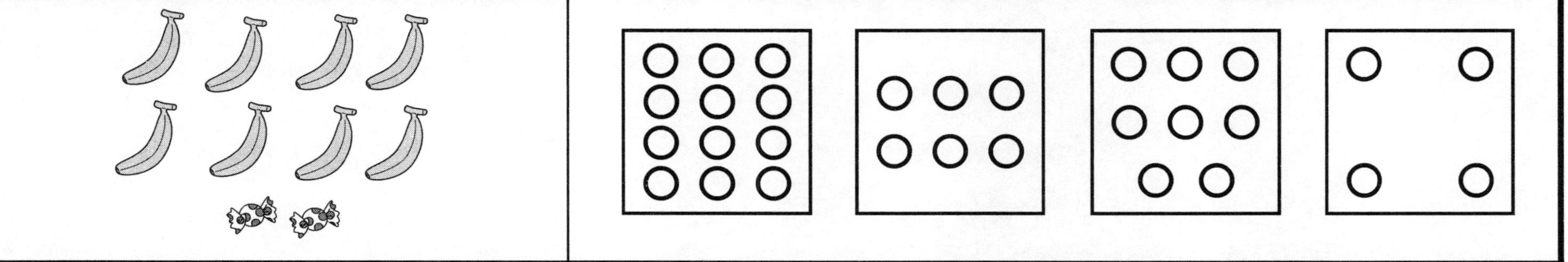

④

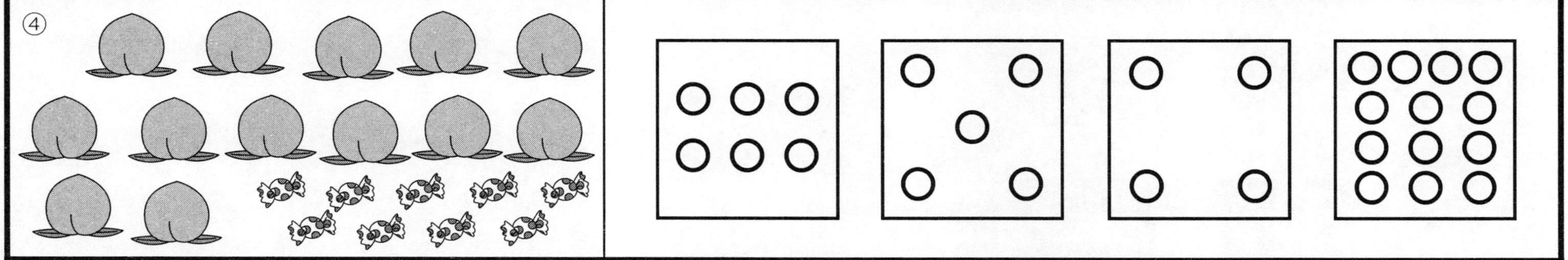

⑤

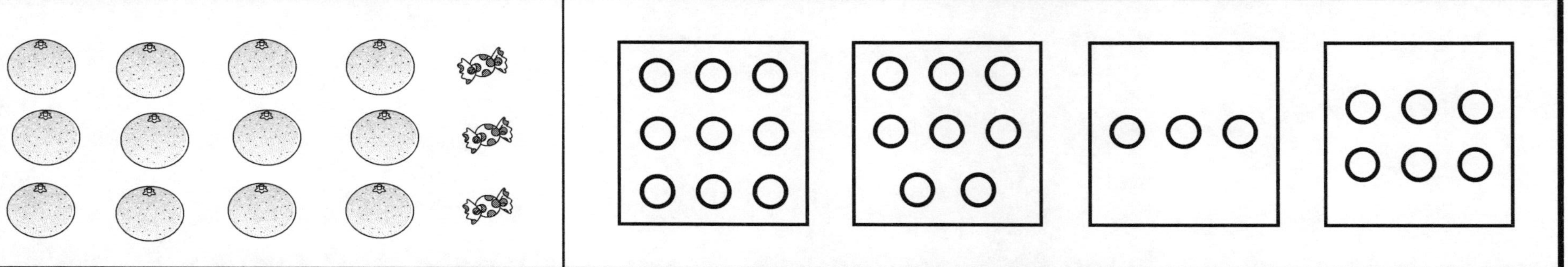

⑥

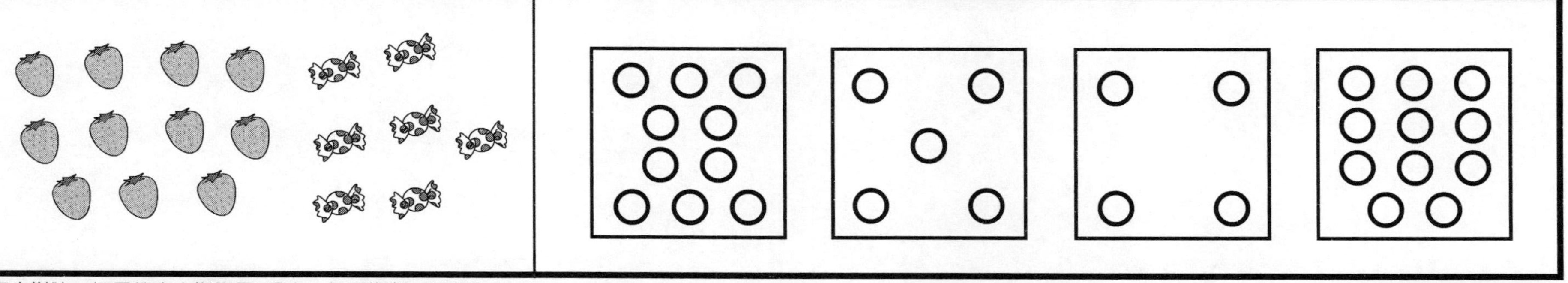

   日本学習図書株式会社

☆西南学院小学校

# 問題１３

①

②

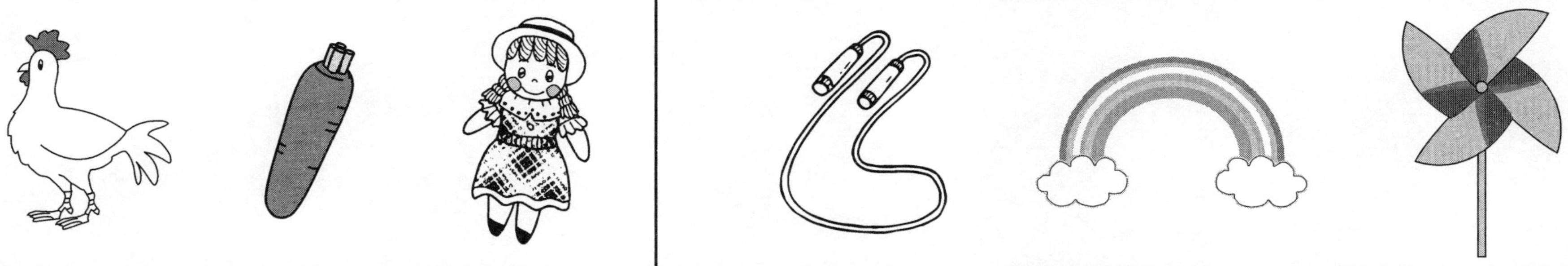

③

④

日本学習図書株式会社

☆西南学院小学校

# 問題１４

①

②

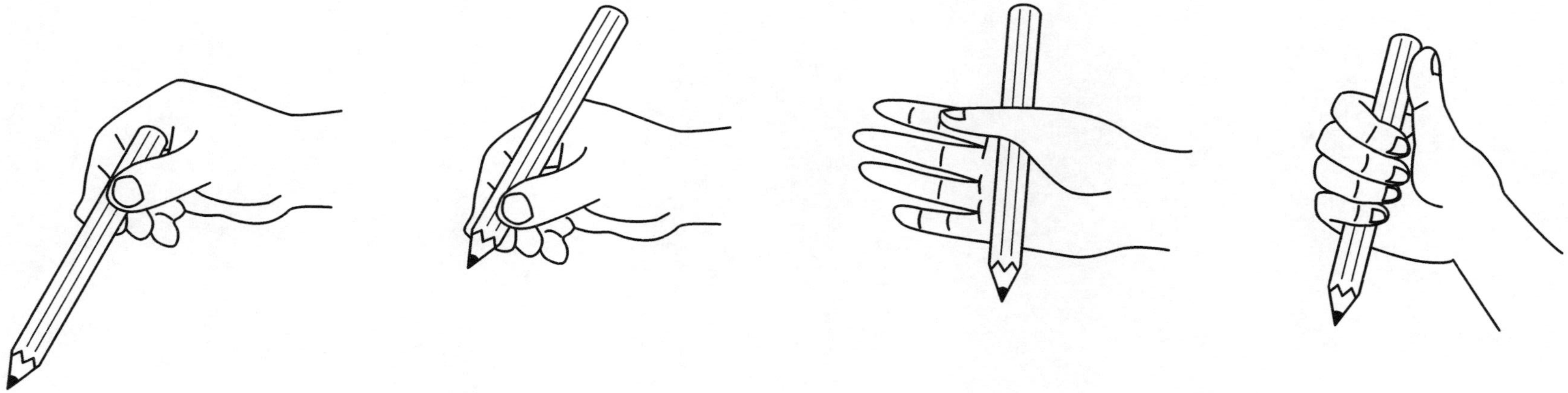

問題15

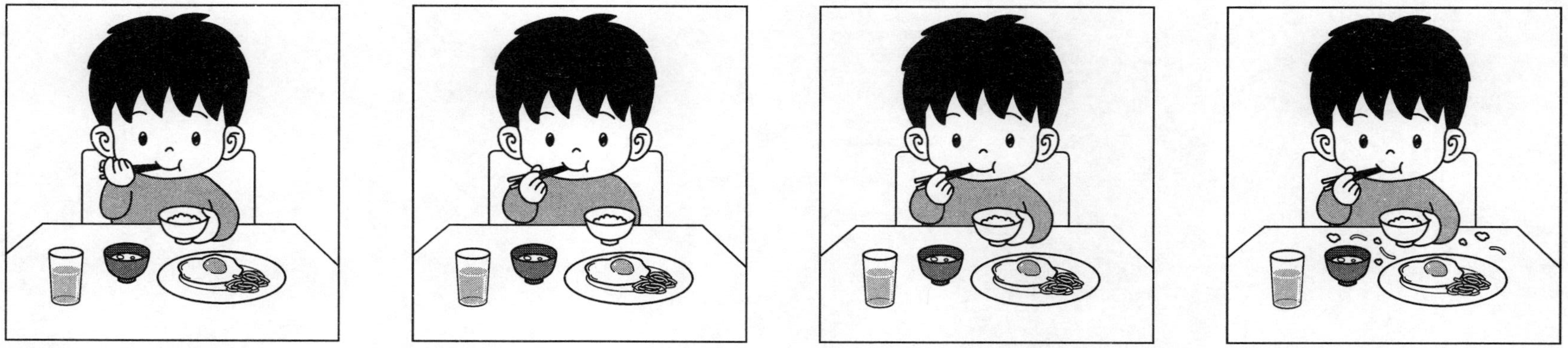

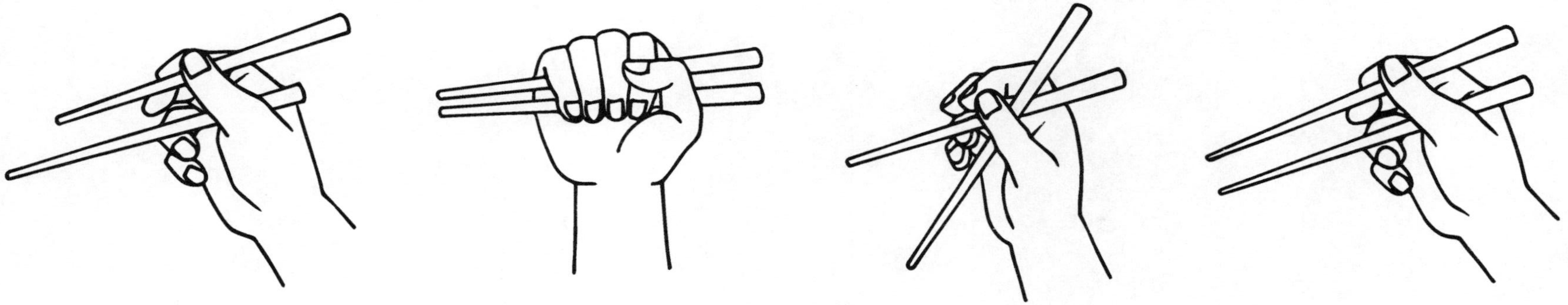

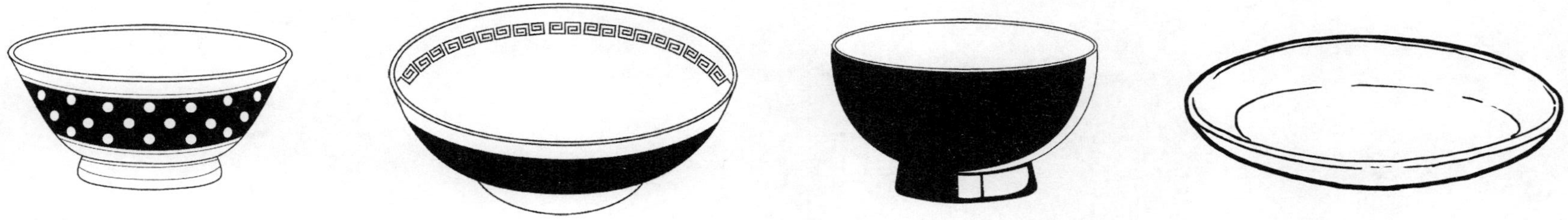

# 問題16

日本学習図書株式会社

# 問題１７−１

①

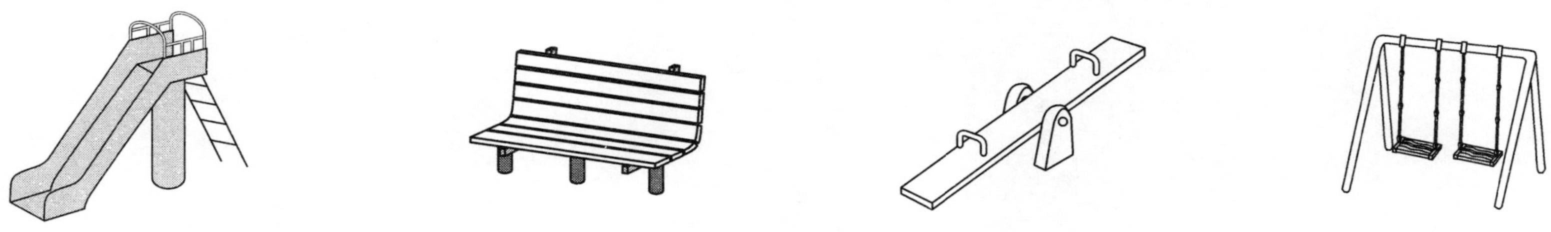

②

③

④

# 問題１７－２

⑤

⑥

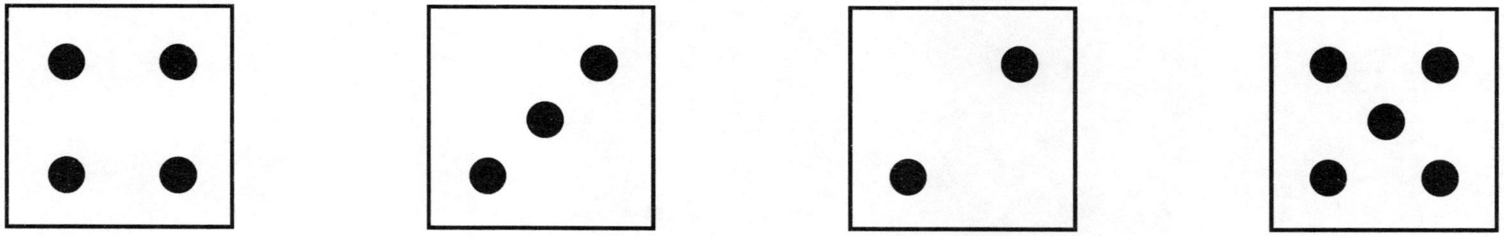

⑦

   日本学習図書株式会社

# 問題１８

日本学習図書株式会社

☆西南学院小学校

2022年度　西南学院・福岡教育大学附属　過去　無断複製/転載を禁ずる　日本学習図書株式会社

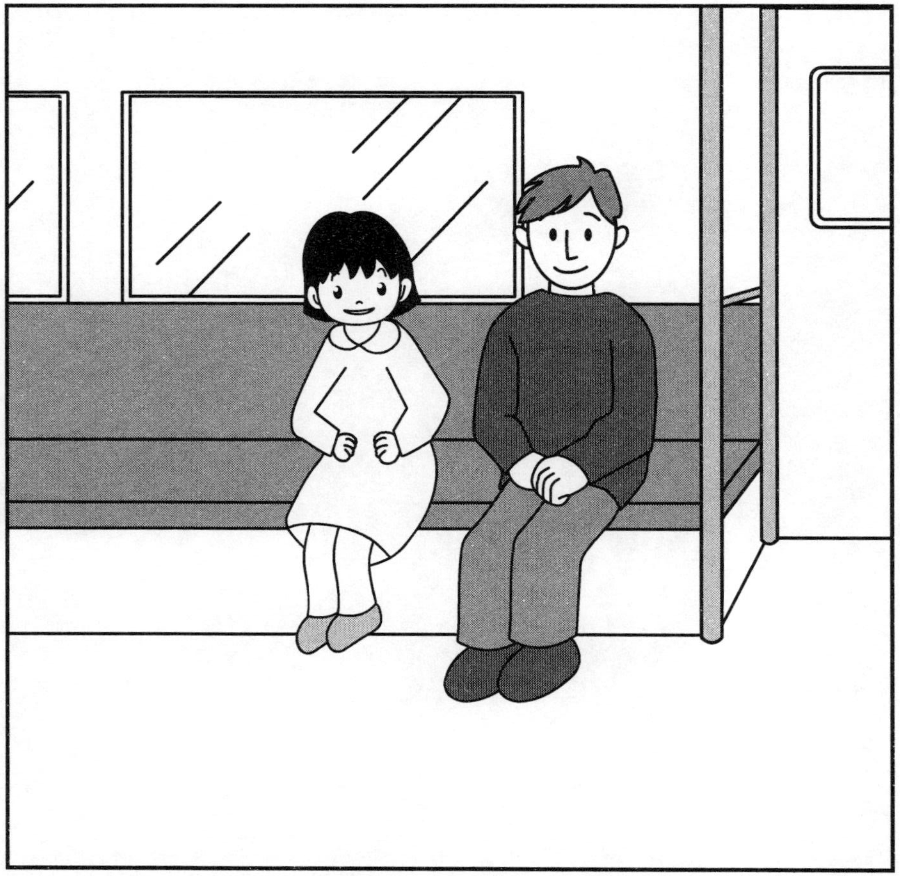

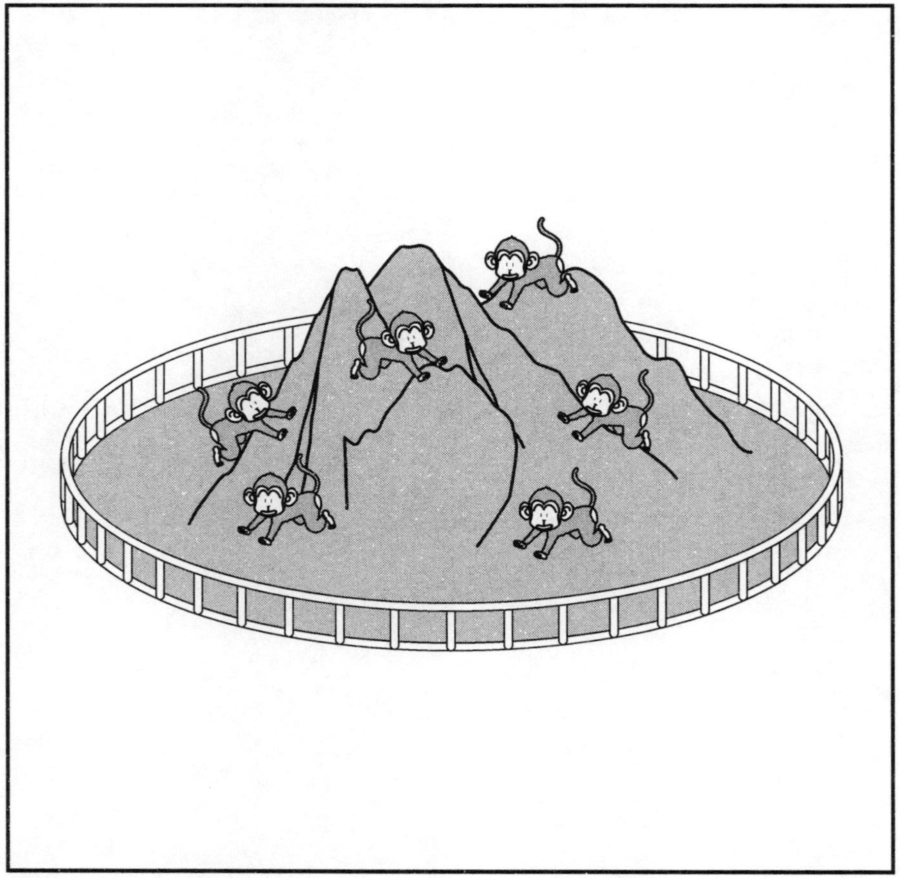

2022 年度　西南学院・福岡教育大学附属　過去　無断複製／転載を禁ずる　日本学習図書株式会社

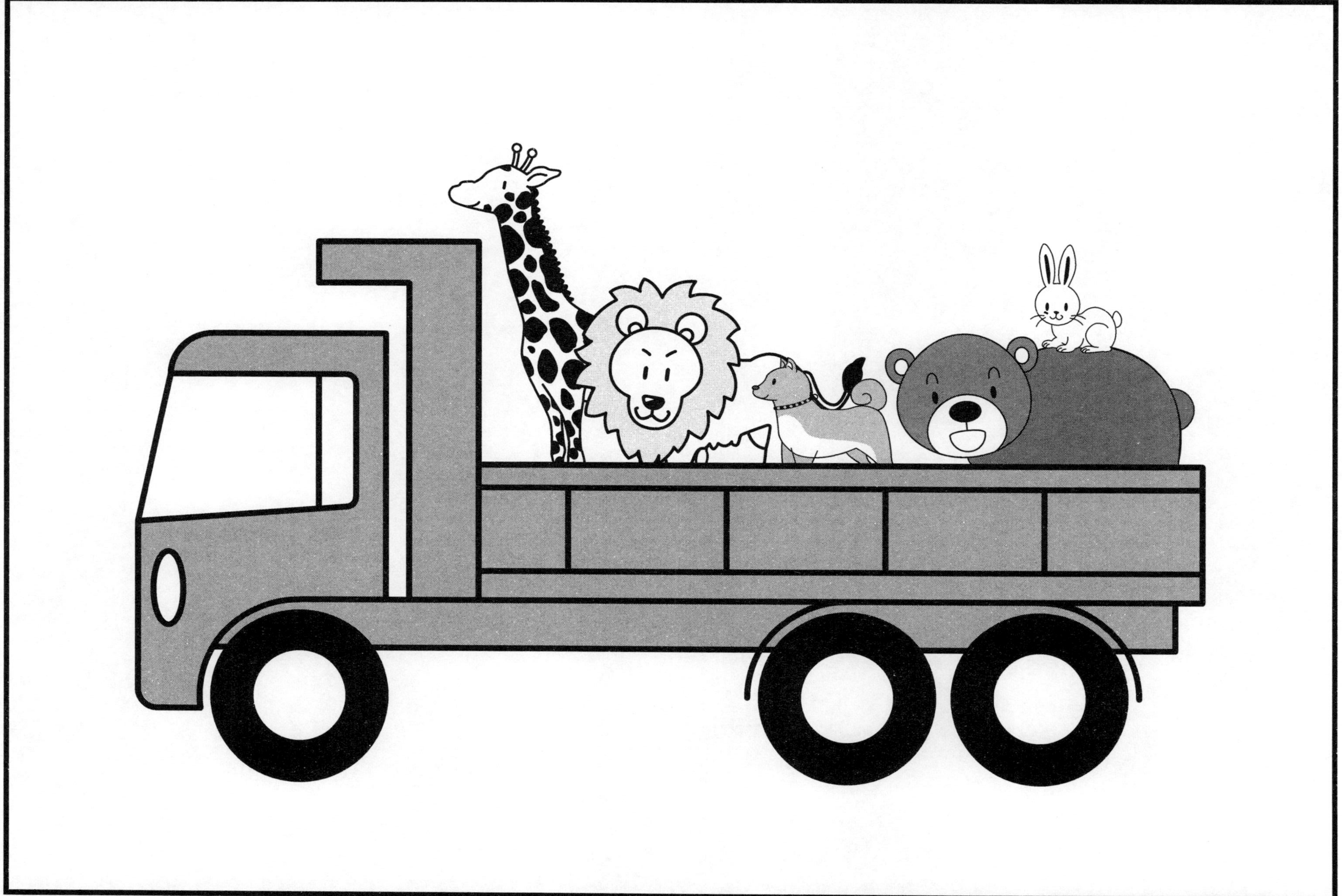

# 問題２３－２

# 問題２３－３

日本学習図書株式会社

# 問題２３－４

## 西南学院小学校小学校　専用注文書

年　　月　　日

# 合格のための問題集ベスト・セレクション

### ＊入試頻出分野ベスト3

**1st** 記　憶
聞く力　集中力

**2nd** 図　形
観察力　考える力

**3rd** 常　識
知識　公衆

口頭試問や行動観察など、ペーパー以外の分野の課題も多いので、机上の学習だけでなく、生活の中での経験も積んでおくとよいでしょう。ペーパー分野では、問題数が多いので解答のスピードも必要になります。

| 分野 | 書　名 | 価格(税込) | 注文 | 分野 | 書　名 | 価格(税込) | 注文 |
|---|---|---|---|---|---|---|---|
| 図形 | Jr・ウォッチャー 5「回転・展開」 | 1,650円 | 冊 | 数量 | Jr・ウォッチャー 38「たし算・ひき算1」 | 1,650円 | 冊 |
| 常識 | Jr・ウォッチャー 12「日常生活」 | 1,650円 | 冊 | 数量 | Jr・ウォッチャー 39「たし算・ひき算2」 | 1,650円 | 冊 |
| 言語 | Jr・ウォッチャー 17「言葉の音遊び」 | 1,650円 | 冊 | 数量 | Jr・ウォッチャー 42「一対多の対応」 | 1,650円 | 冊 |
| 言語 | Jr・ウォッチャー 18「いろいろな言葉」 | 1,650円 | 冊 | 図形 | Jr・ウォッチャー 45「図形分割」 | 1,650円 | 冊 |
| 記憶 | Jr・ウォッチャー 20「見る記憶・聴く記憶」 | 1,650円 | 冊 | 巧緻性 | Jr・ウォッチャー 52「運筆②」 | 1,650円 | 冊 |
| 創造 | Jr・ウォッチャー 21「お話作り」 | 1,650円 | 冊 | 図形 | Jr・ウォッチャー 54「図形の構成」 | 1,650円 | 冊 |
| 巧緻性 | Jr・ウォッチャー 22「想像画」 | 1,650円 | 冊 | 常識 | Jr・ウォッチャー 56「マナーとルール」 | 1,650円 | 冊 |
| 巧緻性 | Jr・ウォッチャー 23「切る・貼る・塗る」 | 1,650円 | 冊 | 言語 | Jr・ウォッチャー 60「言葉の音（おん）」 | 1,650円 | 冊 |
| 巧緻性 | Jr・ウォッチャー 24「絵画」 | 1,650円 | 冊 | | 実践 ゆびさきトレーニング①・②・③ | 2,750円 | 各　冊 |
| 運動 | Jr・ウォッチャー 28「運動」 | 1,650円 | 冊 | | 新口頭試問・個別テスト問題集 | 2,750円 | 冊 |
| 観察 | Jr・ウォッチャー 29「行動観察」 | 1,650円 | 冊 | | 新ノンペーパーテスト問題集 | 2,860円 | 冊 |
| 常識 | Jr・ウォッチャー 30「生活習慣」 | 1,650円 | 冊 | | 1話5分の読み聞かせお話集①・② | 1,980円 | 各　冊 |
| 図形 | Jr・ウォッチャー 35「重ね図形」 | 1,650円 | 冊 | | | | |
| 数量 | Jr・ウォッチャー 37「選んで数える」 | 1,650円 | 冊 | | | | |

| 合計 | 冊 | 円 |
|---|---|---|

| | |
|---|---|
| （フリガナ）<br>氏　名 | 電　話<br>ＦＡＸ<br>E-mail |
| 住所　〒　　　－ | 以前にご注文されたことはございますか。<br>有　・　無 |

★お近くの書店、または記載の電話・FAX・ホームページにてご注文をお受けしております。
電話：03-5261-8951　FAX：03-5261-8953　代金は書籍合計金額＋送料がかかります。
※なお、落丁・乱丁以外の理由による商品の返品・交換には応じかねます。

★ご記入頂いた個人に関する情報は、当社にて厳重に管理致します。なお、ご購入の商品発送の他に、当社発行の書籍案内、書籍に関する調査に使用させて頂く場合がございますので、予めご了承ください。

日本学習図書株式会社
http://www.nichigaku.jp

# 〈福岡教育大学附属福岡小学校〉
# 〈福岡教育大学附属久留米小学校〉
# 〈福岡教育大学附属小倉小学校〉

## 2021年度の最新問題

### 問題24　分野：数量（異数発見）

〈準備〉　鉛筆

〈問題〉　（問題24の左上の四角の問題は練習として提示）
それぞれの段の中で数が違っているものはどれでしょうか。選んで○をつけてください。

〈時間〉　２分

### 問題25　分野：図形（図形の構成）

〈準備〉　鉛筆

〈問題〉　（問題25の１番上の段の問題は練習として提示）
左の四角の形を作る時、使うものはどれでしょうか。右の四角の中から選んで○をつけてください。

〈時間〉　２分

### 問題26　分野：図形（回転図形）

〈準備〉　鉛筆

〈問題〉　（問題26の１番上の段の問題は練習として提示）
左の四角の形を○の数だけ矢印の方向へ回すとどうなるでしょうか。右の四角の中から選んで×をつけてください。

〈時間〉　３分

## 問題27　分野：図形（重ね図形）

〈準備〉　鉛筆

〈問題〉　（問題27の１番上の段の問題は練習として提示）
左の四角の形真ん中の線で矢印の方向へパタンと倒すとどのようになりますか。
右の四角の中から選んで○をつけてください。

〈時間〉　２分

## 問題28　分野：言語（しりとり）

〈準備〉　鉛筆

〈問題〉　（問題28の１番上の段の問題は練習として提示）
左と右に描いてあるものをしりとりつなげます。しりとりがつながるように、真ん中の四角から２つ選んで○をつけてください。

〈時間〉　１分30秒

## 問題29　分野：言語（言葉の音）

〈準備〉　鉛筆

〈問題〉　（問題29の１番上の段の問題は練習として提示）
右の四角に描いてあるものの最初の言葉をつなげて、左に描いてあるものの言葉を作ります。右の四角で使わないものはどれですか。それぞれの下の四角に○をつけてください。

〈時間〉　１分30秒

## 問題30　分野：巧緻性

〈準備〉　靴下（色や大きさのちがうもの、３足）、カゴ
上記を問題30のイラストのように配置しておく。

〈問題〉　この問題は絵を参考にしてください。
靴下がバラバラに置いてあります。靴下を畳んでかごの中に入れてください。
「やめてください」と言われるまで続けてください。

〈時間〉　適宜

## 問題31　分野：行動観察

〈準備〉　紙コップ（ピンク・青・黄・緑の４色、適宜）、コーン、机、ビニールテープ

〈問題〉　**この問題は絵を参考にしてください。**
①（４人のグループで行う）
　紙コップを使ってタワーを作ってください。
②あらかじめ問題31の絵のようにコーンと机を置いておく。
　テープで待機場所を指定しておく。
（８人のグループで行う）
以下のような指示に従って行動する。
・（机の前のテープの場所に）立ってください。
・（同じところに）座ってください。
・ほかの人に質問してください。

〈時間〉　①３分程度　②５分程度

## 問題32　分野：制作

〈準備〉　☆のシール（緑・赤、各４枚）、〇のシール（青２枚・黄６枚）
あらかじめ問題32の絵を真ん中の線で切り、「お手本」「志願者用」の２枚の絵にシールを貼っておく。

〈問題〉　**この問題は絵を参考にしてください。**
（口頭試問の待機時間に行われる・お手本を見せて）
お手本のとおりになるように空いている四角にシールを貼ってください。

〈時間〉　適宜

# 問題２４

☆福岡教育大学附属小学校

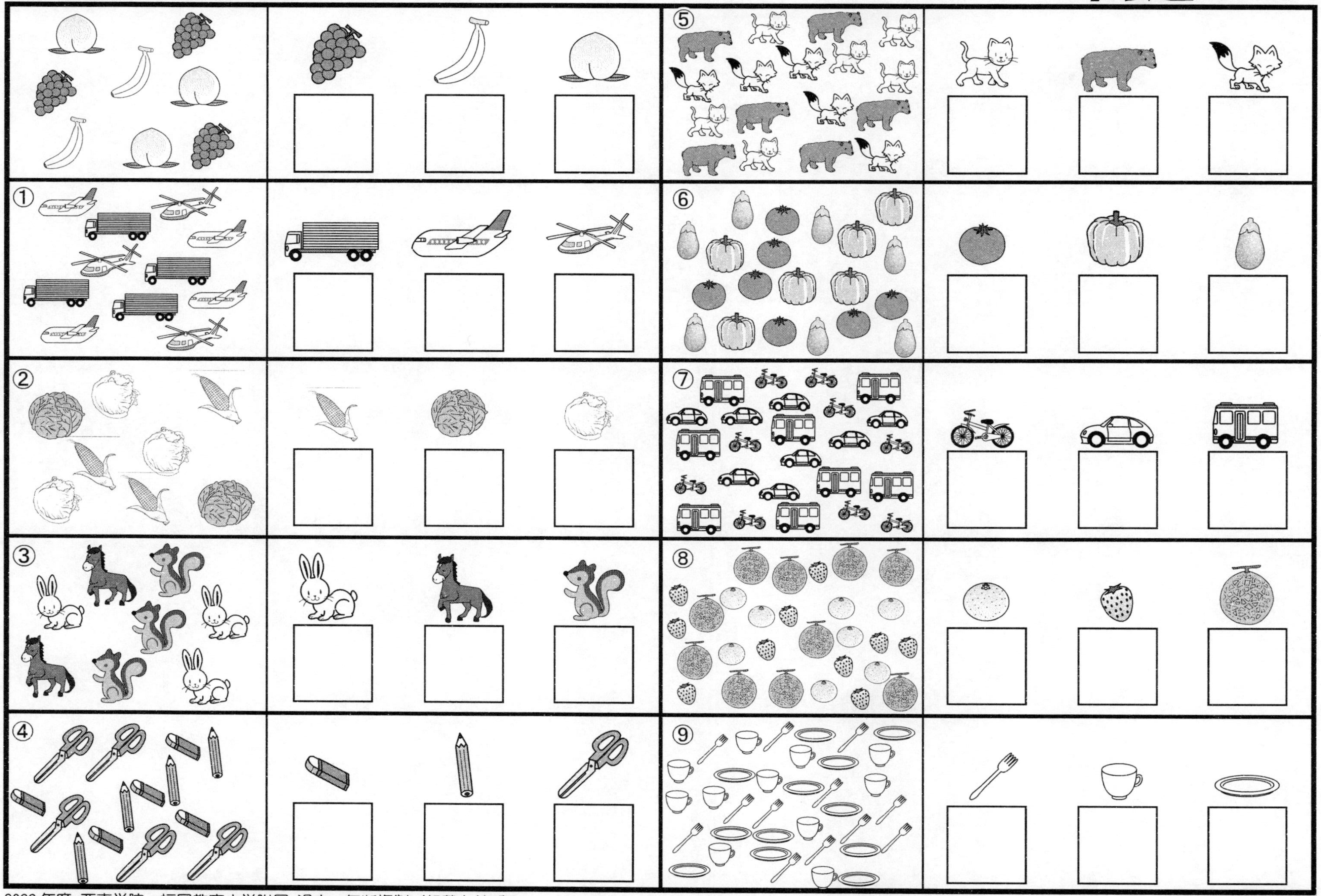


 



日本学習図書株式会社

☆福岡教育大学附属小学校

# 問題２５

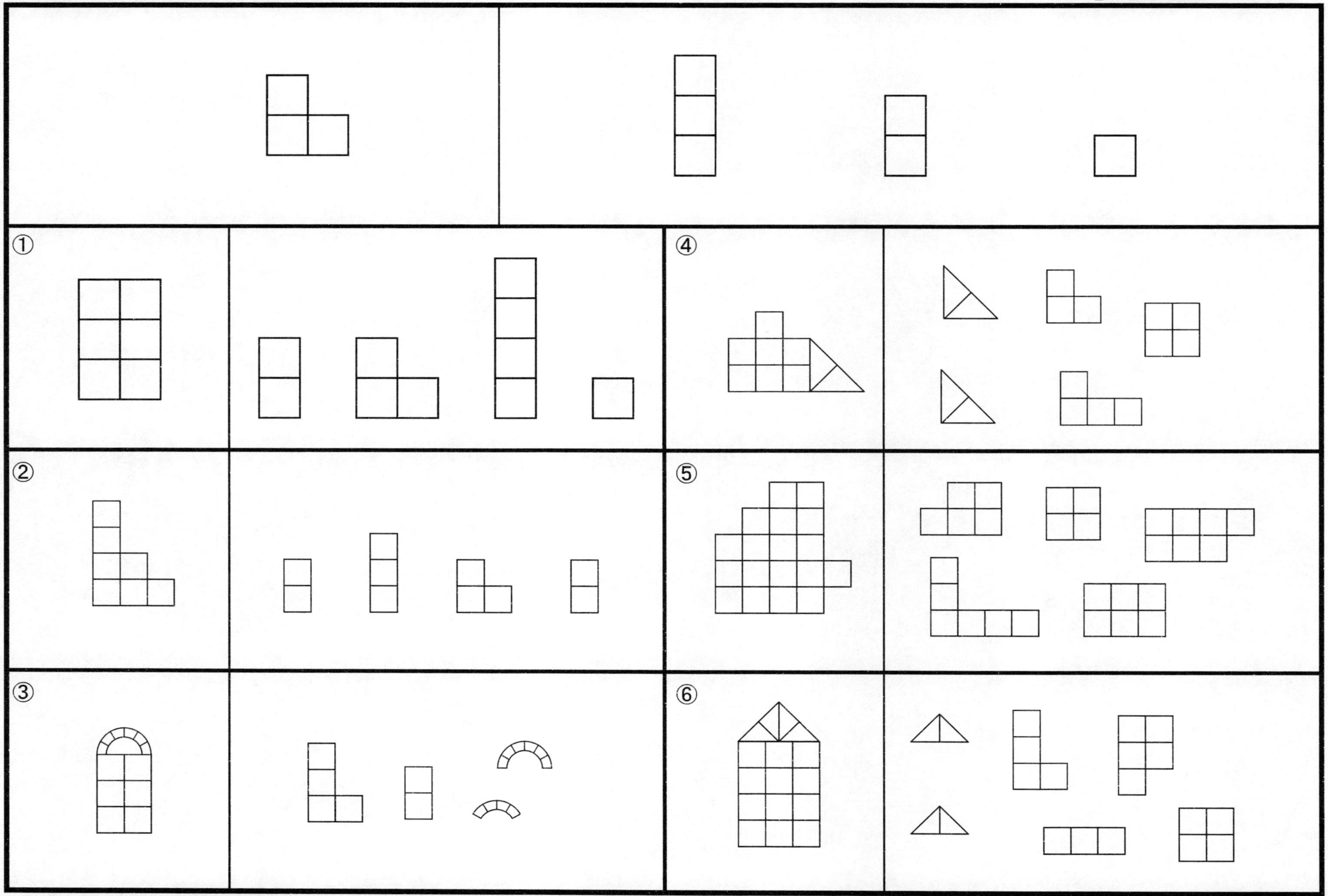


 

# 問題２６

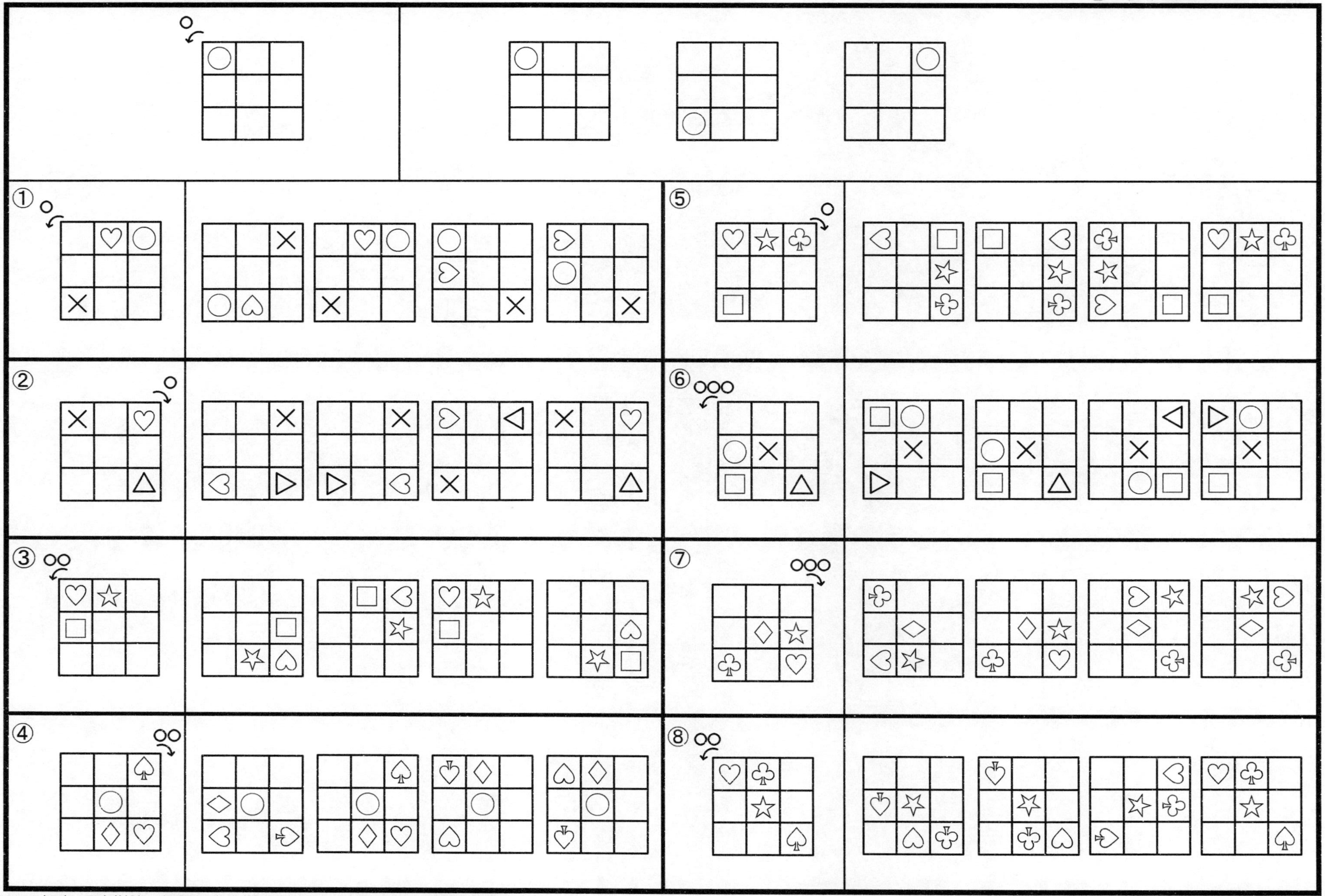


 

☆福岡教育大学附属小学校

# 問題２７

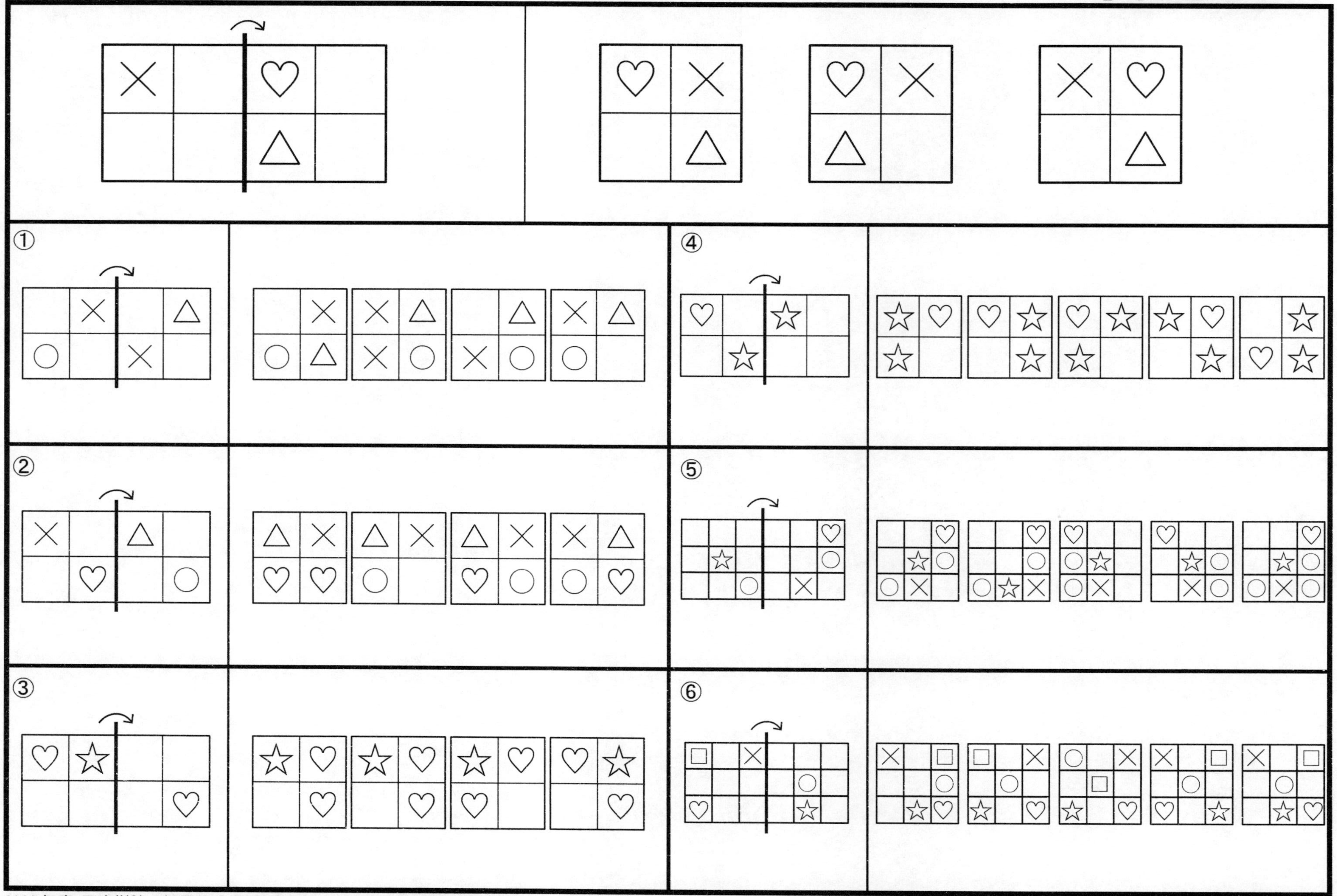


 



日本学習図書株式会社

☆福岡教育大学附属小学校

# 問題２８

# 問題２９

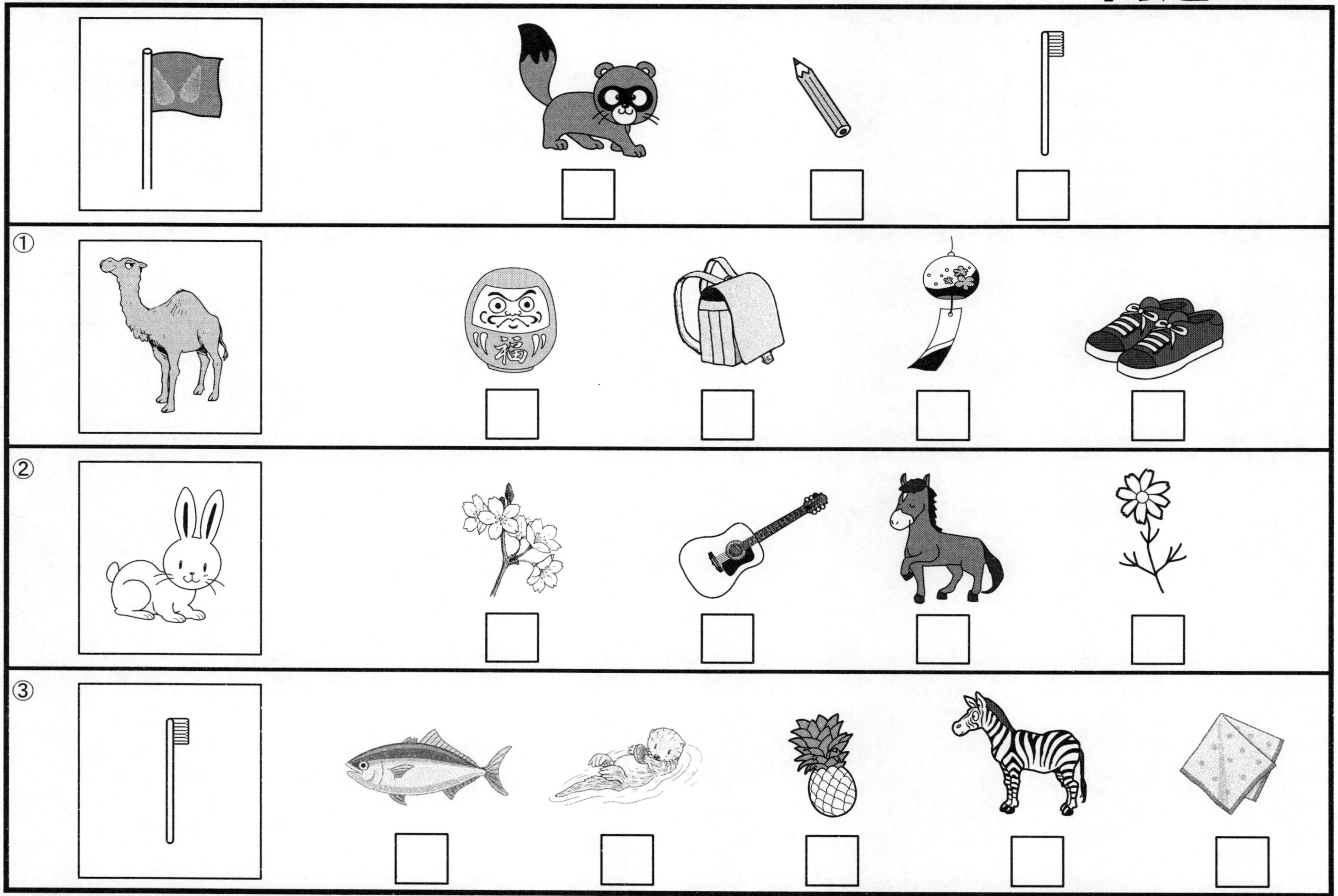


　

# 問題３０

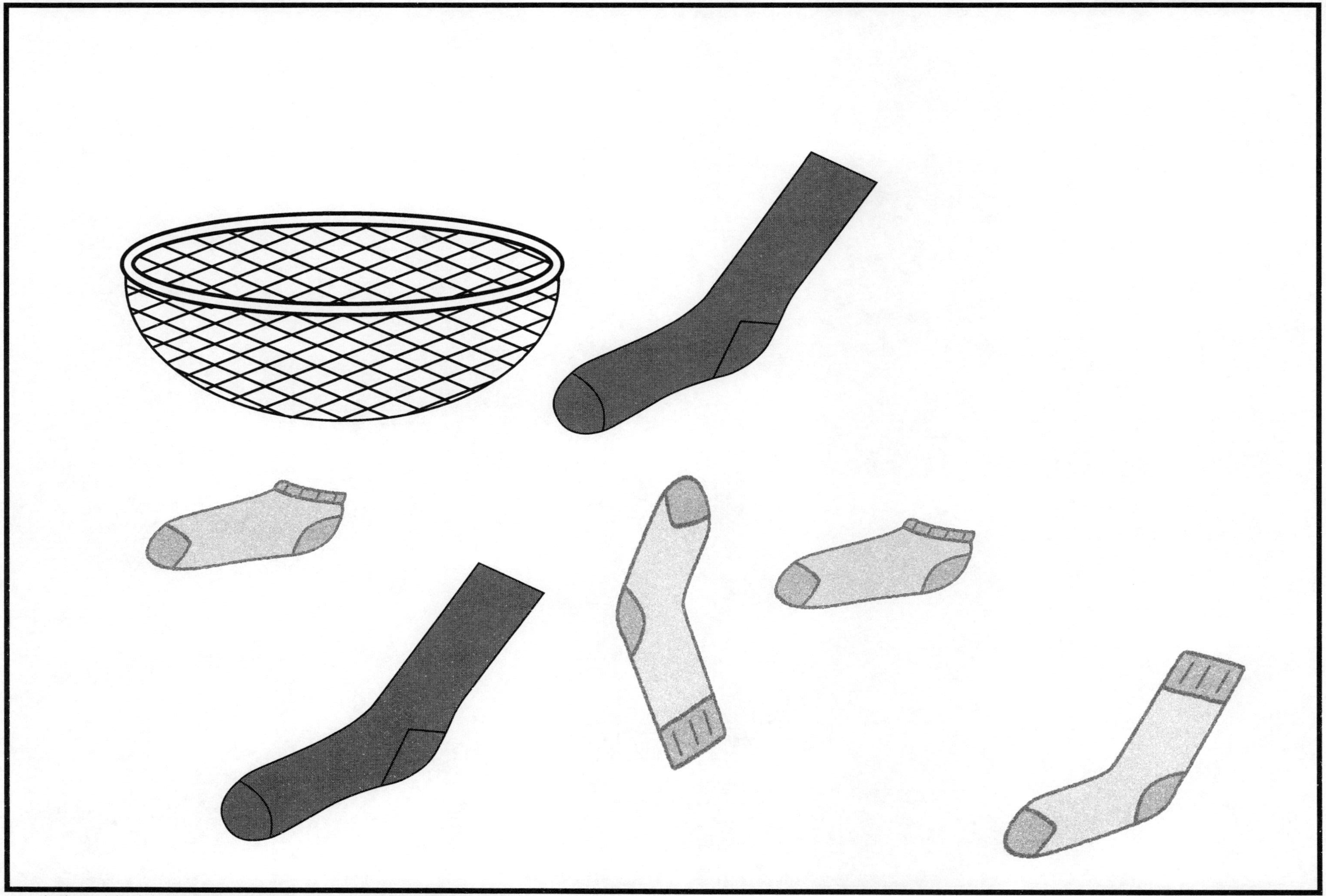

 

# 問題3 1

# 問題３２

お手本

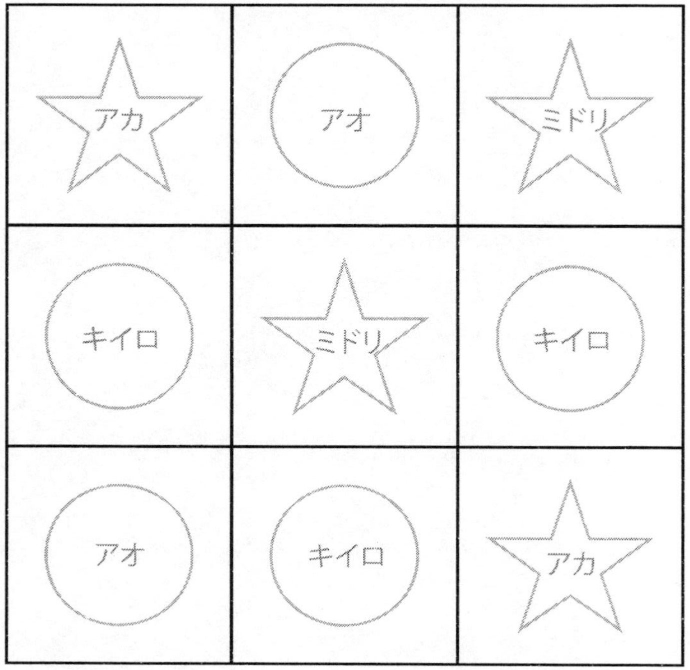


志願者用

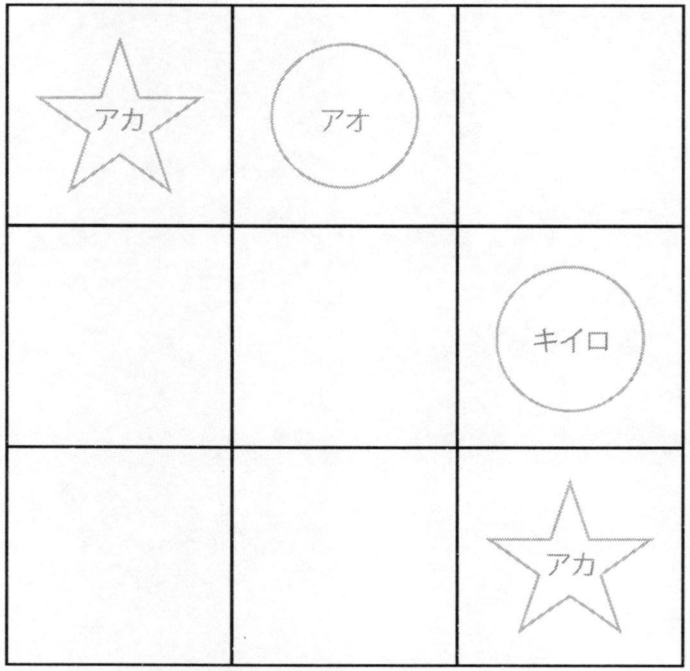

# 2021年度入試
# 解答例・学習アドバイス

解答例では、制作・巧緻性・行動観察・運動といった分野の問題の答えは省略されています。こうした問題では、各問のアドバイスを参照し、保護者の方がお子さまの答えを判断してください。

## 問題24　分野：数量（異数発見）

〈解 答〉　下図参照

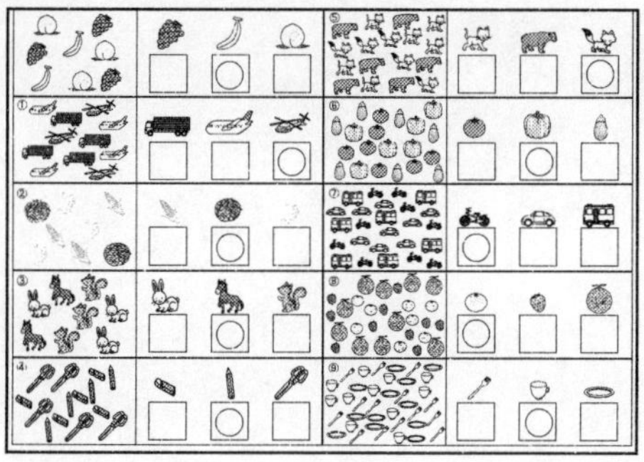

例年出題されている「異数発見」の問題です。数量の問題は正確に数えれば正解できます。問題は制限時間があるので、数が多かったり、描かれている絵が混同しやすいものだったりすると「できるのに時間が足りなかった」ということになりがちだということでしょう。そうしたことを防ぐために、10個程度のものはパッと見て何個あるかがわかるようになることが理想です。ただ、⑥以降はあまりに数が多いので、一見しただけでは数を把握できません。同じものを２個ずつ○で囲むなどの工夫をしてもよいでしょう。

【おすすめ問題集】

Ｊｒ・ウォッチャー36「同数発見」、37「選んで数える」

## 問題25　分野：図形（図形の構成）

〈解 答〉　下図参照

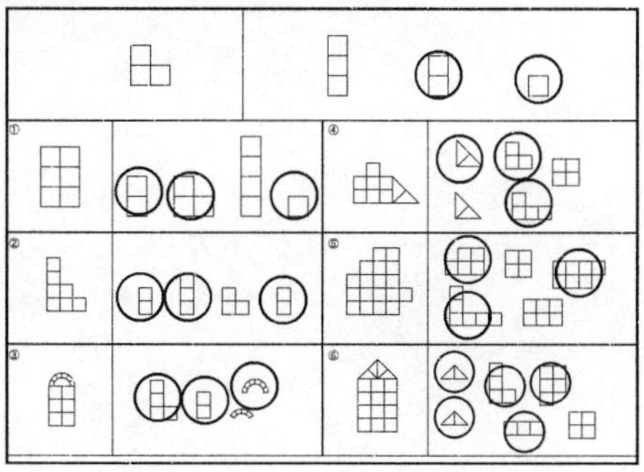

※④については解答の三角形の下にある三角形に○をつけても正解（２つともに○をつけると不正解）。

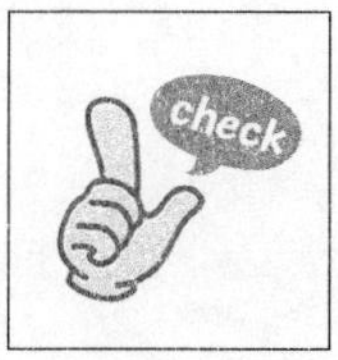


まず、「使うものに○」という答え方に注意しましょう。「使わないものに○（×）」という問題が多いので、小学校受験対策の学習をしているお子さまほど勘違いしそうです。この点さえクリアできれば、図形の構成の問題としてはそれほど複雑なものではありません。図形の特徴となる部分を選択肢の図形の中に探せば、それほど悩むことはないでしょう。「よくわからなかった」というお子さまには、やはり解答用紙を切って実際に形を動かして答え合わせをおすすめします。手を動かすことで理解度も違ってきます。

【おすすめ問題集】

Ｊｒ・ウォッチャー45「図形分割」、54「図形の構成」

## 問題26　分野：図形（回転図形）

〈解 答〉　下図参照

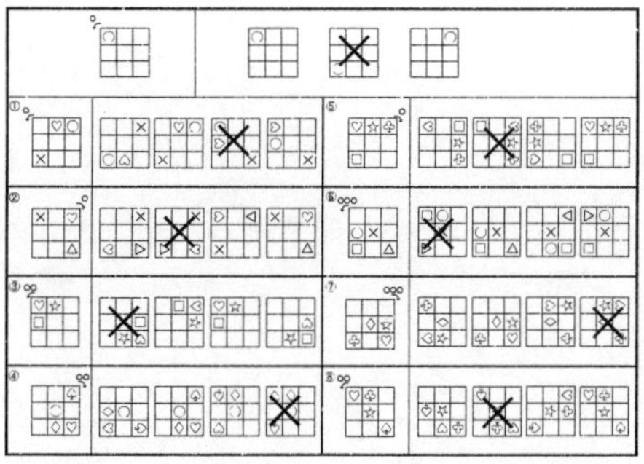

西南学院小学校の問題でも言いましたが、回転図形の問題で、四角形を「１回右に回す」という指示は、「右に90度回転させる」という意味になります。小学校受験独特の表現です。この問題も左の絵（回転する前の絵）の○など記号が「どこに移動するか」と考え、その時、ほかの左の絵と矛盾しない形を選択肢から選ぶという解き方の方がスムーズでしょう。特にこの問題では「（右・左に）～回転」という指示があるので自分のわかりやすい記号（上下左右対称の○などがよいでしょう）を選んでその記号が回転した時、ほかの記号の位置や向きが矛盾しない選択肢の図形を選べばよいということになります。

【おすすめ問題集】

Ｊｒ・ウォッチャー５「回転・展開」、46「回転図形」

## 問題27　分野：図形（重ね図形）

〈解 答〉　下図参照

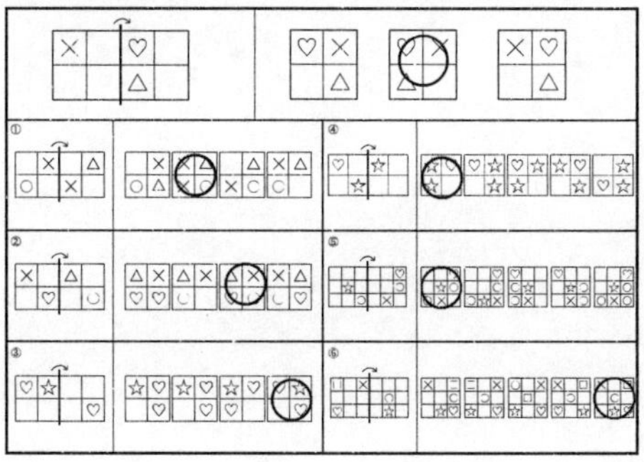

当校では、図形の問題が例年出題されていますが、今回の試験は図形問題が３題出題されています。この傾向が続くかどうかはわかりませんが、重視されているのは間違いないので、対策は万全にしておいた方がよいでしょう。重ね図形の問題は、２つの図形を重ねた時の形を頭にイメージし、そのイメージと同じ形を選択肢の中から探すのが基本的な考え方です。左の形を右にパタンと倒すと左の形の対称の形が右の形に重なるということを感覚的に理解していれば難しいことではありませんが、読んでいただければわかるようにお子さまに「対称の形が…」と言っても理解できるとは思えません。わからないようなら、市販のフィルム・シートなどにこの問題のような図形を描き、指示通りに重ねて見せましょう。まずはお子さまが納得するところからです。

【おすすめ問題集】

Ｊｒ・ウォッチャー35「重ね図形」

## 問題28　分野：言語（しりとり）

〈解 答〉　下図参照

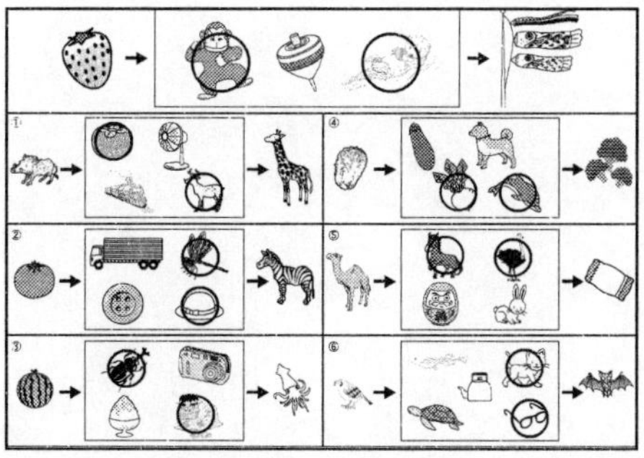

言語の問題は、語彙、つまり知っている言葉の量で正解・不正解が分かれる問題と言っていよいでしょう。語彙を豊かにするためには学習だけではなく、生活の中の機会を逃さないようにお子さまに言葉を教え、実際に使ってもらうということを意識してください。実物を見ながら言葉を覚えれば言葉そのものだけなく、そのものの特徴や使い方などの知識も身に付いてくるはずです。この問題は「２つ○をつける」という指示があります。ほかの問題ではあまり見ない形なので注意しておいてください。

【おすすめ問題集】

Ｊｒ・ウォッチャー9「しりとり」、60「言葉の音（おん）」

## 問題29　分野：言語（言葉の音）

〈解 答〉 練習○：真ん中（鉛筆）　①○：右から２番目（風船）
②○：右端（コスモス）　③○：真ん中（パイナップル）

当校で例年出題されている言語分野の問題です。前問のしりとりのほかに、このような頭音つなぎ（言葉の最初の文字をつなげて言葉を作る）といった問題も多いようです。こうした問題では絵を見てそれが何かわかるという意味での語彙だけでなく、「どのように発音するか」という語彙も必要になってきます。とは言え、問題をご覧になればわかるようにほとんどのものは日常目にするものばかりです。お子さまが「あれは何？」と質問すれば答えるだけなく、保護者の方はこうした問題に答えるために必要な知識だと思えば、積極的にお子さまに問いかけるようにしてください。

【おすすめ問題集】
Ｊｒ・ウォッチャー17「言葉の音遊び」、18「いろいろな言葉」、
60「言葉の音（おん）」

## 問題30　分野：巧緻性

小学校に上がると、自分の身の周りのことは、基本的にすべて自分でします。本問のような、いわゆる「生活巧緻性」の課題では、ふだんの生活でそういったことをしているかという点が観られています。試験対策としてではなく、ふだんの生活の一部として、こうした作業を自然に行うことができるようにしておきましょう。なお、このような課題では、指示を聞いてすぐに行動に移せるか、気を散らさず集中して取り組めるか、難しくても途中で放り出したりしないか、といった点も評価のポイントになります。

【おすすめ問題集】
Ｊｒ・ウォッチャー25「生活巧緻性」

## 問題31　分野：行動観察

感染症対策だと思いますが、前年度の内容から発声の必要な課題がなくなっています。内容的には従来どおり協調性を中心に、お子さまの持っている個性や特性が観られていると考えてよいでしょう。特に悩むような課題はないので、ふだんどおりに振る舞って悪目立ちしなければ、問題なしということになります。無理に積極的に振る舞ったり、リーダーシップを取らなくてもよいと考えてください。「入学してからも問題なく学校生活が送れるだろう」という印象を与えることが重要です。特別に優秀だったり、リーダーを選抜している試験ではないのです。

【おすすめ問題集】
新口頭試問・個別テスト問題集、新ノンペーパーテスト問題集
Ｊｒ・ウォッチャー29「行動観察」

## 問題32　分野：制作

制作の問題です。ご覧になればわかるように、お手本を見ながらシールを貼るというだけの作業です。特に注意すべきことはありません。指示を聞き間違えることもあまりないだろうと思われます。１つの可能性としてですが、国立小では難しい色弱などの検査を代用しているのかもしれません。過去には行われていた検査ですが、時代の流れとともに行われなくなったものです。この作業でミスをした場合はかなりのマイナスになりますから、落ち着いて行ってください。

【おすすめ問題集】

実践 ゆびさきトレーニング①②③ 、Ｊｒ・ウォッチャー23「切る・貼る・塗る」

### 家庭学習のコツ④　効果的な学習方法～お子さまの今の実力を知る

１年分の問題を解き終えた後、「家庭学習ガイド」に掲載されているレーダーチャートを参考に、目標への到達度をはかってみましょう。また、あわせてお子さまの得意・不得意の見きわめも行ってください。苦手な分野の対策にあたっては、お子さまに無理をさせず、理解度に合わせて学習するとよいでしょう。

## 2020年度以前の問題

### 問題33　分野：図形（同図形探し）

〈準 備〉　鉛筆

〈問 題〉　（問題33-1の1番上の段の問題は練習として提示）
左の四角の絵と同じものはどれでしょうか。右の四角の中から選んで○をつけてください。

〈時 間〉　2分

〈解 答〉　①右から2番目　②左から2番目　③右から2番目
④左端　⑤右端　⑥左端

［2020年度出題］

#### 学習のポイント

一見して正解が見つけにくく、それぞれをていねいに見比べる作業が必要になります。ということは時間がかかるので、作業にスピードが求められます。ただ、スピードは試験が近くなってから意識していけばよいでしょう。スピードを意識しすぎるとどうしても確実性が下がります。まずは、確実に正解できることを最優先に考えましょう。マス目や星の数が多くなってくると、全体に目を配ることが難しくなってきます。見比べる回数は多くなってしまいますが、区切って部分ごとに比較していくのも1つの方法です。また、練習問題は簡単なのですが、実際の問題に入るといきなり難度が上がるので、戸惑わないようにしてください。

【おすすめ問題集】
Ｊｒ・ウォッチャー4「同図形探し」

### 問題34　分野：数量（異数発見）

〈準 備〉　鉛筆

〈問 題〉　この問題の絵は縦に使用してください。
それぞれの段の中で数が違っているものはどれでしょうか。選んで○をつけてください。

〈時 間〉　2分

〈解 答〉　①右から2番目　②右端　③左端　④左端　⑤右から2番目
⑥左端　⑦右端　⑧左から2番目　⑨右から2番目　⑩左端

［2020年度出題］

## 学習のポイント

1つひとつ数えていたのでは、確実に解答時間内にすべての問題を解くことはできないでしょう。解答時間内に解くためには、四角の中の数が、ぱっと見ていくつあるかがわかる必要があります。それほど学習をしていなくても、①であれば、3つと4つという違いがすぐにわかると思います。それを10程度までできるようにすることが目標です。ペーパー学習だけでなく、お菓子がいくつあるか、おもちゃがいくつあるかを数えることも学習になるので、保護者の方は生活の中で学びの機会を増やしていってください。そうした小さな積み重ねを繰り返すことが小学校受験では大切です。ペーパーだけに偏らない学習を心がけていきましょう。

【おすすめ問題集】

Ｊｒ・ウォッチャー14「数える」、36「同数発見」

## 問題35　分野：言語（言葉の音）

〈準 備〉　鉛筆

〈問 題〉　（問題35-1の1番上の段の問題は練習として提示）
左の絵と同じ音の数のものはどれでしょうか。右の四角の中から選んで○をつけてください。

〈時 間〉　1分30秒

〈解 答〉　①右から2番目（コアラ）　②右端（ネズミ）
③右端（シマウマ）　④右から2番目（サクラ）
⑤右端（カブトムシ）　⑥左から2番目（ホウレンソウ）

［2020年度出題］

## 学習のポイント

当校ははじめに練習問題を提示することが多いので、何を問われているのかをそこでしっかりと理解するようにしましょう。練習問題は左の絵が、「か」「き」という2音なので、右端の「な」「し」が正解になります。言語、特に「言葉の音」の問題では、保護者の方はすぐに問題の意味を理解できても、お子さまは問題の意味さえ理解できていないということがあります。多くの出題パターンを学習して覚えることもよいのですが、問題を一度聞いて理解する力を養うことも大切です。また、こうした問題に取り組む時、正解したものだけでなく、すべての名前が言えるかをチェックすると知識の幅が広がっていきます。ちょっとした積み重ねですが、後々大きな違いになるので、おすすめです。

【おすすめ問題集】

Ｊｒ・ウォッチャー17「言葉の音遊び」、18「いろいろな言葉」、
60「言葉の音（おん）」

## 問題36　分野：常識（いろいろな仲間）

〈準備〉　鉛筆

〈問題〉　それぞれの段の中で仲間外れのものはどれでしょうか。選んで○をつけてください。

〈時間〉　1分

〈解答〉　①左から2番目（トラック）　②左から2番目（イチゴ）
③右端（スズメ）　④左端（コスモス）
※上記以外の解答でも、お子さまがきちんと理由を説明できている場合には正解としてください。

［2020年度出題］

### 学習のポイント

本問をペーパー学習として解いた後、次は口頭試問として、もう一度取り組んでみてください。ペーパーで正解できたとしても、その理由を答えることができなければ、問題を理解できているとは言えません。そうした復習は、口頭試問の学習としてだけでなく、お子さまが本当にわかって答えているのかも確認できます。また、切り口によって違う答えが見つかることもあるので、答え合わせの時に正解か不正解かだけをチェックするだけでなく、違った仲間分けができないかお子さまに質問してみてください。そうした学習は、1つの見方だけでなく、違った視点から考える練習になるので、ぜひ取り組んでみてください。

【おすすめ問題集】
Ｊｒ・ウォッチャー11「いろいろな仲間」、12「日常生活」、27「理科」、55「理科②」

## 問題37　分野：言語（言葉の音）

〈準備〉　鉛筆

〈問題〉　左の絵の下にある○は、それぞれの名前の音（おん）の数を表しています。左の絵の●に当てはまる音をつなげると、どんな言葉になるでしょうか。右の四角の中から選んで○をつけてください。

〈時間〉　1分30秒

〈解答〉　①真ん中（スイカ）　②真ん中（カメラ）
③左端（シマウマ）　④右端（キリン）

［2020年度出題］

## 学習のポイント

こうした出題形式に慣れていないと、何を問われているのかがわからないこともあると思います。①を例にすると、「イヌ」の「い」、「イルカ」の「か」、「カラス」の「す」をつなげてできる言葉を選ぶということになります。こうして説明すれば理解できると思いますが、予備知識なしで見たとしたら、どんな問題なのか考えてしまうでしょう。言語の知識は、生活の中で身に付けることが基本になります。ただ、その知識を試験で発揮するためには、どういう形で出題されるかを知っておくことが必要です。保護者の方は、生活の中で得た知識を試験に結び付けられるように、生活の学びからペーパー学習へとスムーズに移行できるようにお子さまを導いていってあげてください。

【おすすめ問題集】
　Ｊｒ・ウォッチャー17「言葉の音遊び」、18「いろいろな言葉」、
　60「言葉の音（おん）」

## 問題38　分野：行動観察

〈準備〉　赤・青・緑・黄色の丸シール、大きめの白い紙（家の絵を描いておく）

〈問題〉　この問題は絵を参考にしてください。
（３～４人のグループで行う）
大きな紙に家の絵が描いてあります。みんなで家の線に沿ってシールを貼っていってください。シールは向こうに置いてあるので、取りに行って始めてください。
【お約束】
同じ色が続かないように貼ってください。
みんながシールを貼るようにしてください。
シールを貼る順番は話し合って決めてください。
静かにシールを貼ってください。
「やめてください」と言うまでシールを貼ってください。
はじめは、みんなで「お願いします」と言って全員と握手をしましょう。終わったら、「ありがとうございました」とあいさつをして握手をしましょう。

〈時間〉　10分程度

〈解答〉　省略

[2020年度出題]

## 学習のポイント

課題自体は、線で描かれた家にシールを貼っていくというシンプルなものです。ただ、指示（お約束）が非常に多いので、それらをしっかり聞いて、行動に移すことができることがポイントになります。「同じ色が続かないように」「順番は話し合って」「みんな」で「静かに」「『やめてください』と言うまで」シールを貼らなければいけません。この指示をすべて守って課題をこなすことは、かなり難しいと言えるでしょう。だからと言って、自分だけが指示通りにシールを貼っていただけでは、よい評価にはつながりません。集団行動なので、「協調性」を第一に考え、みんなで仲良くシールを貼っていくことが大切です。

【おすすめ問題集】
新口頭試問・個別テスト問題集、新ノンペーパーテスト問題集
Ｊｒ・ウォッチャー29「行動観察」

## 問題39　分野：口頭試問

〈準 備〉　なし

〈問 題〉　（教室の外に先生が座っていて、１人ずつ呼ばれて質問される）
①（問題39－１の絵を見せる）
お友だちがお茶をこぼして服が濡れてしまいました。あなただったらどうしますか。
あなたがお茶をこぼしてしまったら何と言いますか。
②（問題39－２の絵を見せる）
この絵の中でいけないことしているのは誰ですか。指をさしてください。
③小学校に入ったら何をがんばりたいですか。

〈時 間〉　５分程度

〈解 答〉　省略

［2020年度出題］

## 学習のポイント

①の問題に正解はありません。こうした問題は、「答え」ではなく、「考え」を聞いているのです。言い換えれば、経験が問われているということです。また、こぼした側、こぼされた側の両方の考えが聞かれているので、相手の気持ちを考えるということが必要になります。②は、口頭試問ではありますが、答えた後に理由を聞かれるということもなかったようです。この出題形式であれば、ペーパーとの違いはありません。注意するとすれば、無言で指し示すのではなく、「これです」とひと言そえることができるとよいでしょう。③は、面接的な質問なので、「元気よく」がんばりたいことを伝えることができれば充分です。

【おすすめ問題集】
新口頭試問・個別テスト問題集、新ノンペーパーテスト問題集

## 問題40　分野：絵画

〈準 備〉　クレヨン、クーピーペン、色鉛筆、画用紙（Ａ４サイズのものを３～４枚）

〈問 題〉　この問題の絵はありません。
（口頭試問の待機時間に行われる）
お絵描きをしましょう。好きな絵を描いてください。

〈時 間〉　適宜

〈解 答〉　省略

[2020年度出題]

### 学習のポイント

口頭試問が行われている間、待機しているお子さまに対して出された課題です。このような自由絵画の課題には、正解・不正解はありません。作品のクオリティが評価の対象となることもありません。好きな絵を、子どもらしくのびのびと描くことが大切です。自分なりの発想で自由に表現できるように、ふだんから積極的にお絵描きや工作に親しんで、道具や材料の扱いに慣れるとともに、想像力、創造力を養うとよいでしょう。想像力や創造力を養うには、まずはお子さまの自由な発想にまかせ、好きなように作らせることが重要です。保護者の方もつい手や口を出したくなるかもしれませんが、根気強く見守り、お子さまが最後まで仕上げたら、できなかったことを言うのではなく、できたことを褒めるようにしてください。なお、こうした課題では道具の扱いや片付けも観られています。ふだんから、その点まで意識して、お絵描きや工作に取り組むようにしてください。

【おすすめ問題集】
Ｊｒ・ウォッチャー24「絵画」

# 問題３３－１

れんしゅう

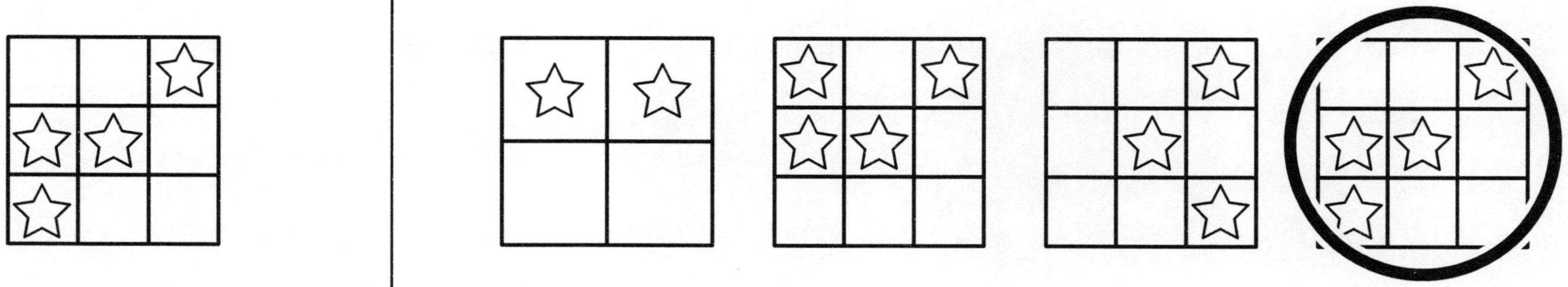

①

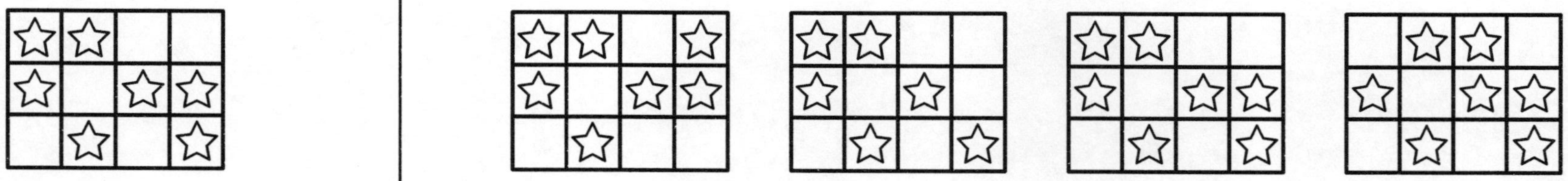

②

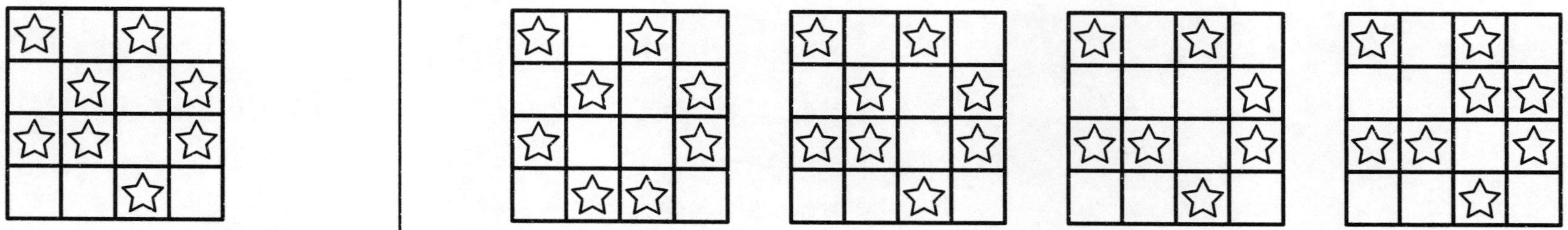

 



日本学習図書株式会社

☆福岡教育大学附属小学校

# 問題33－2

③

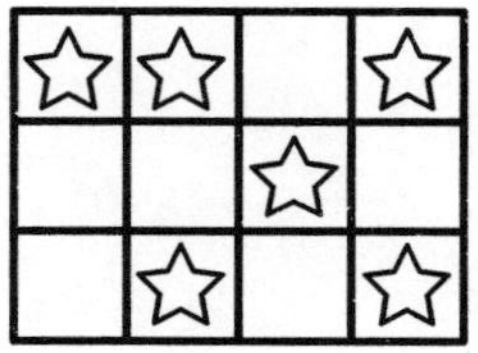

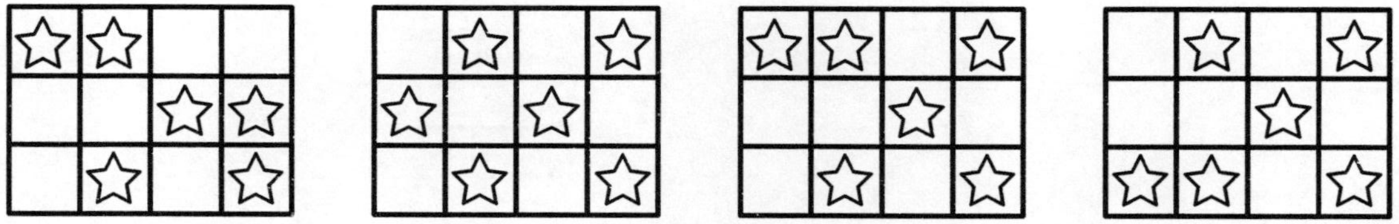

④

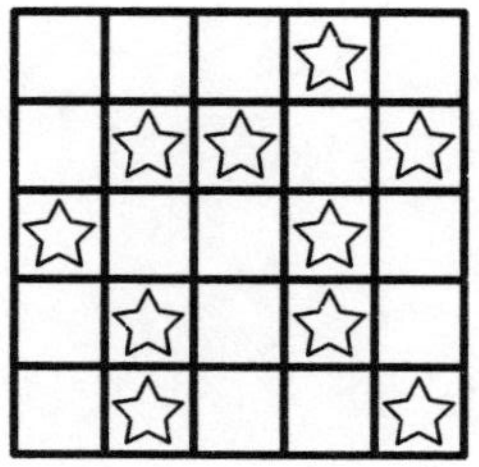

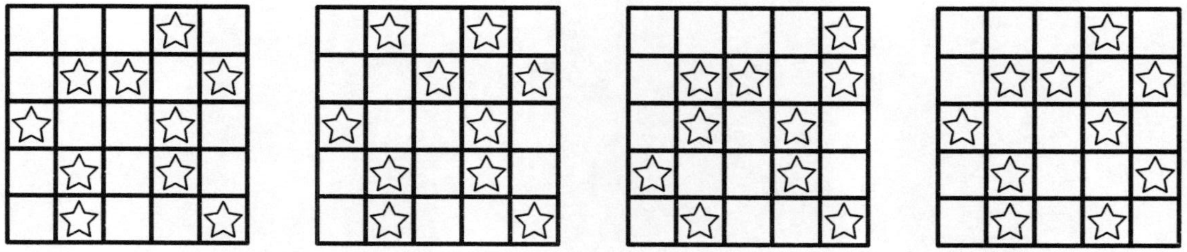

⑤

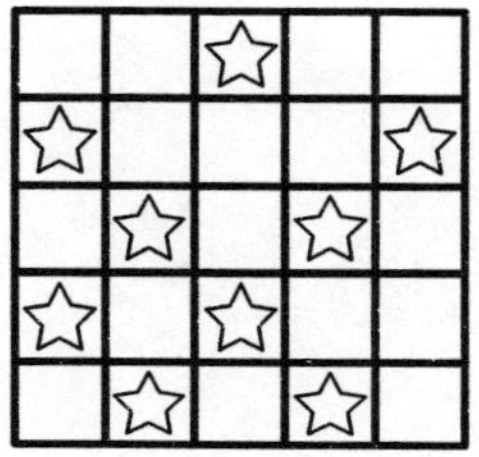

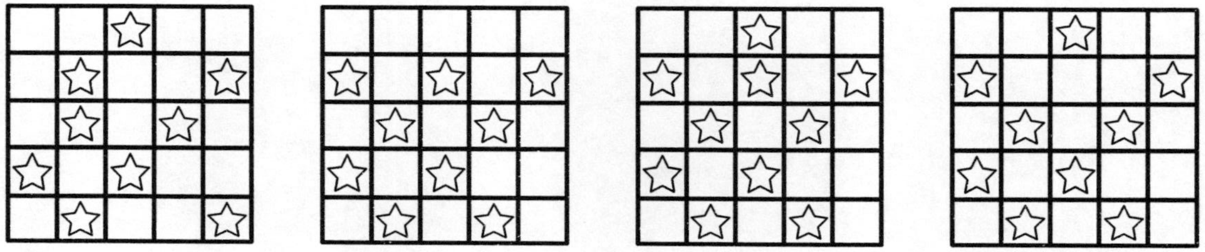

⑥

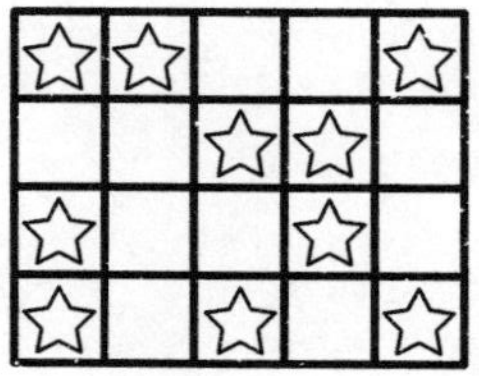

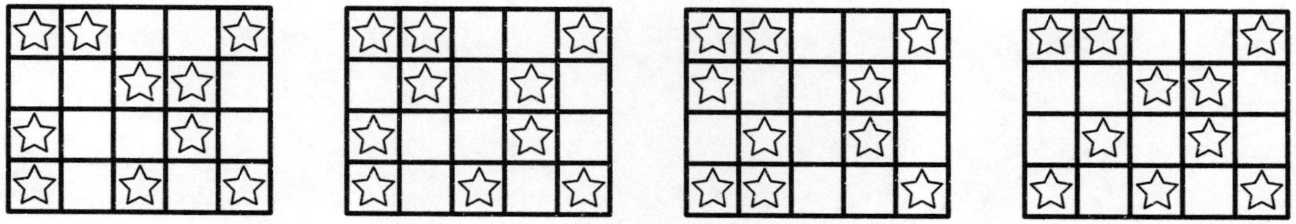

 

# 問題３４－１

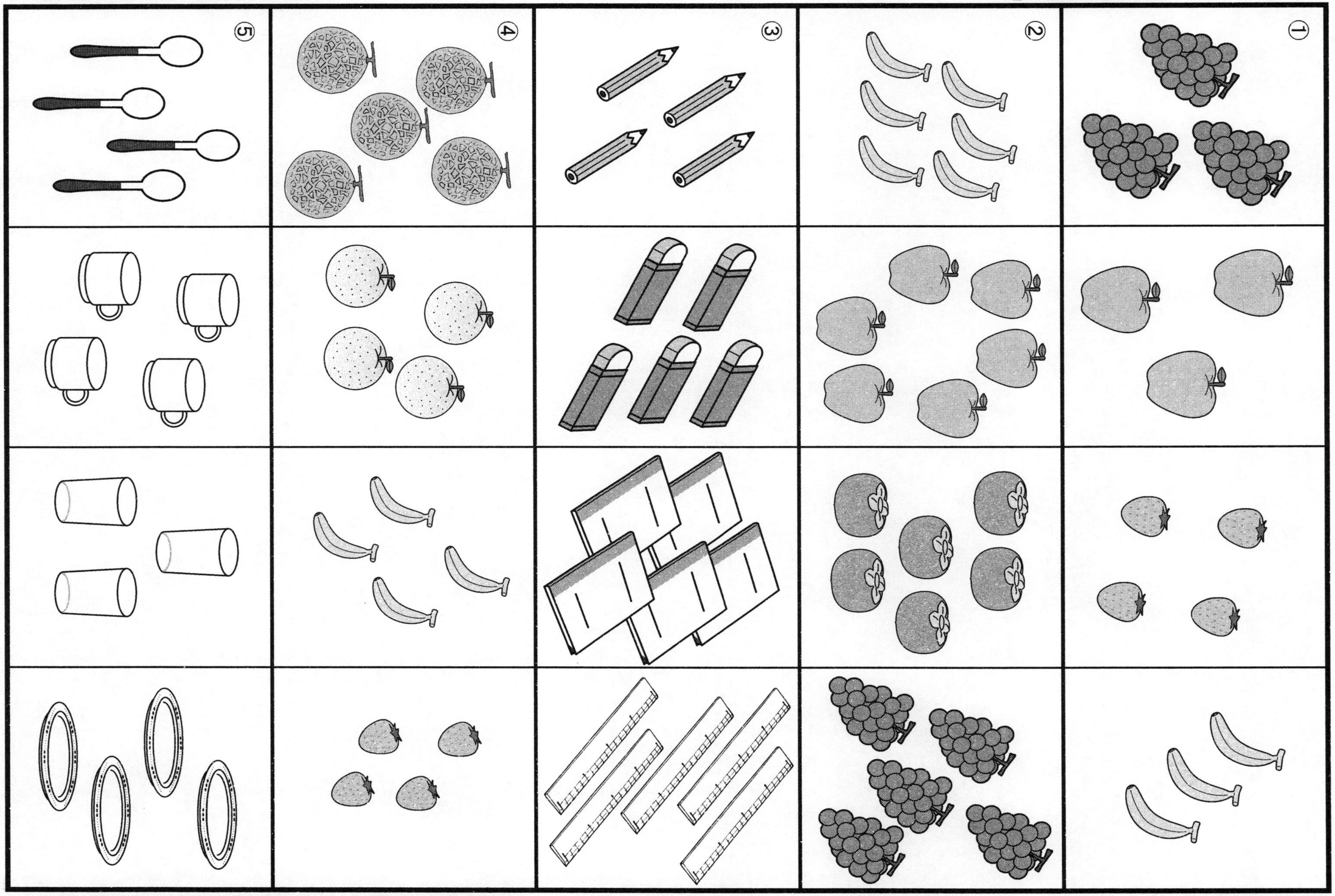

☆福岡教育大学附属小学校

# 問題３４－２

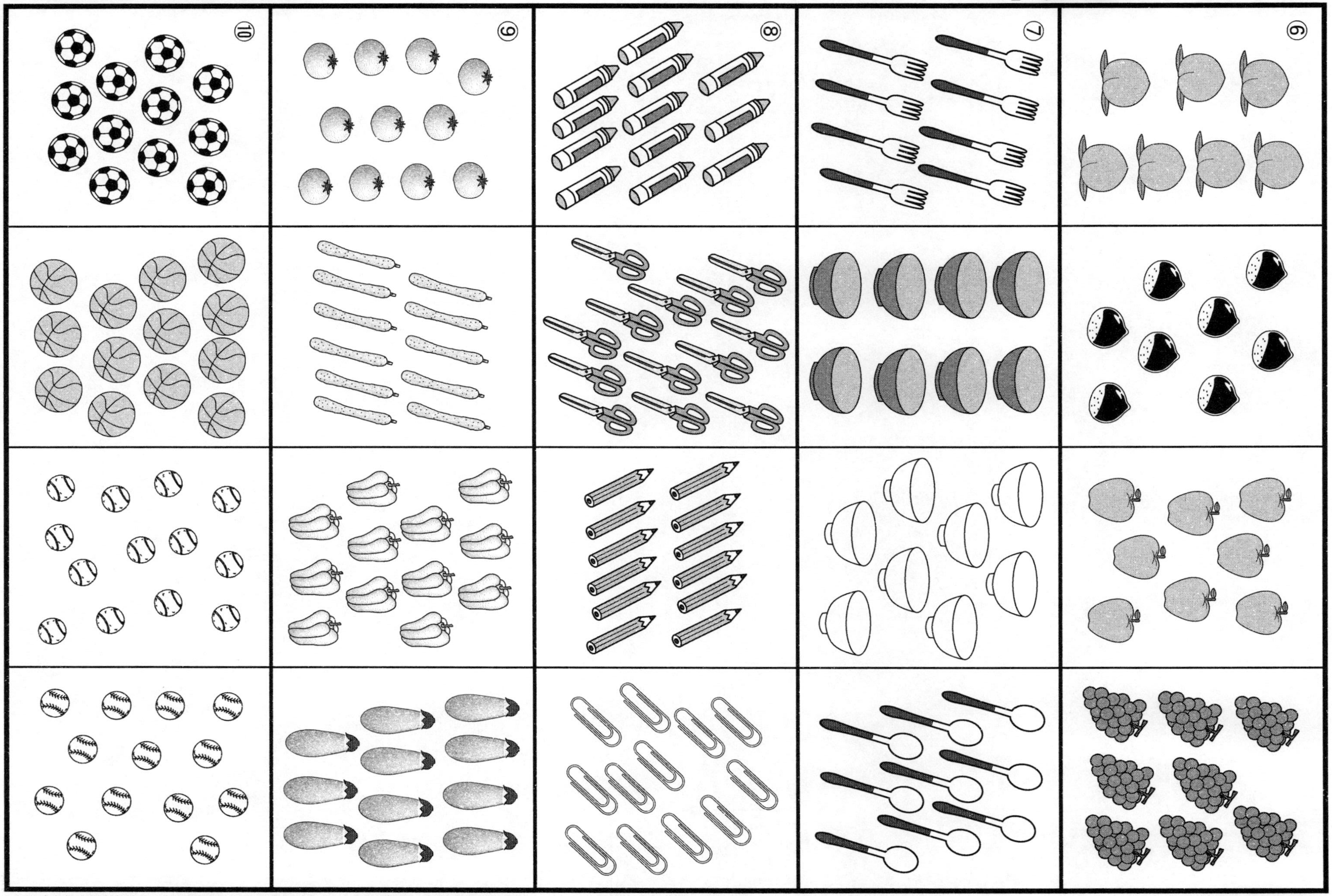


   

問題３５－１

☆福岡教育大学附属小学校

れんしゅう

①

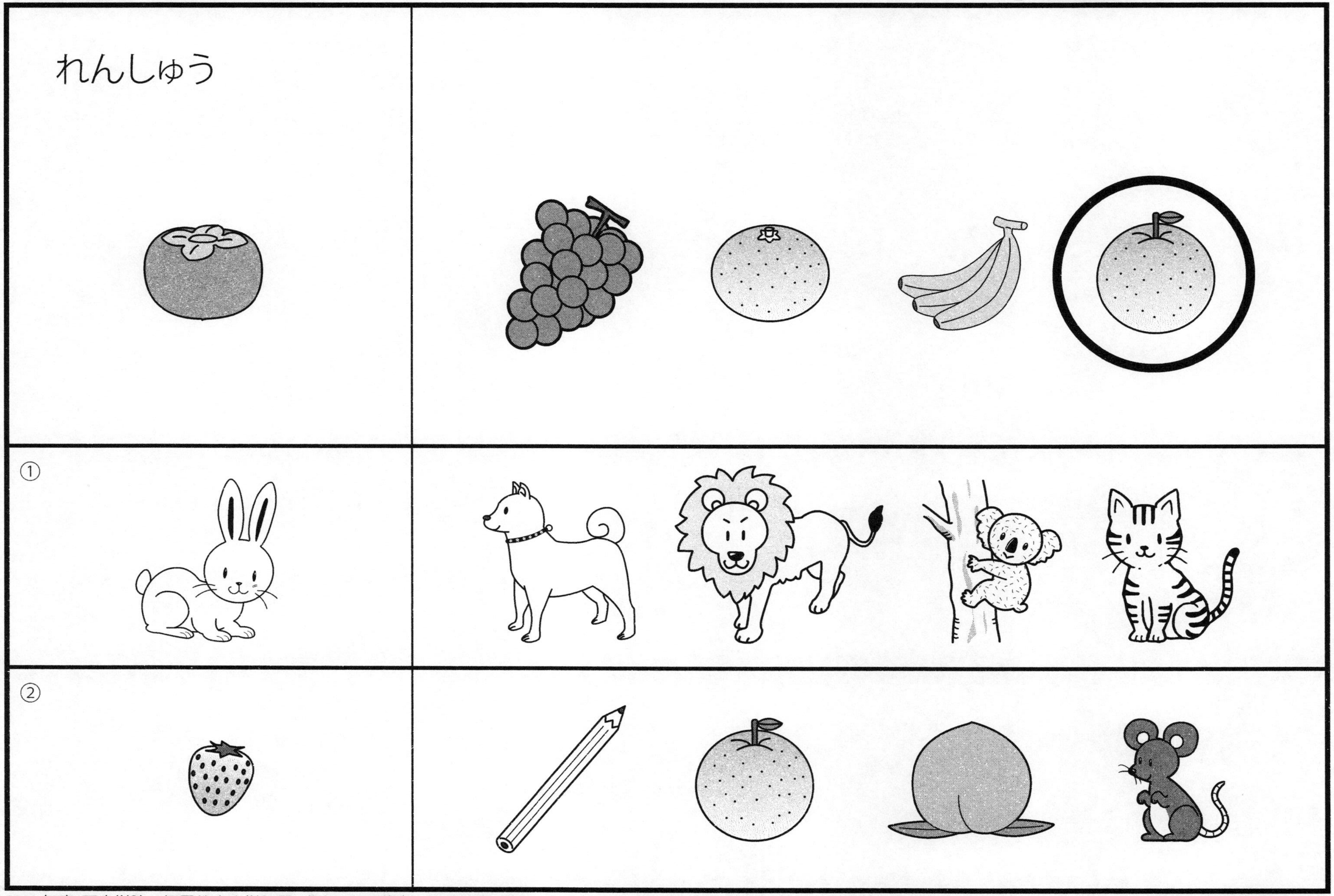

☆福岡教育大学附属小学校

# 問題３５－２

☆福岡教育大学附属小学校

# 問題３６

①

②

③

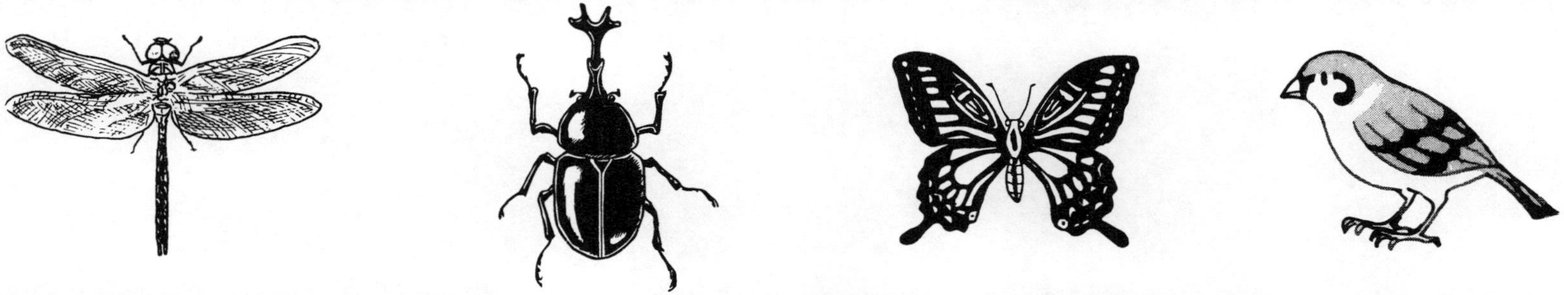

④

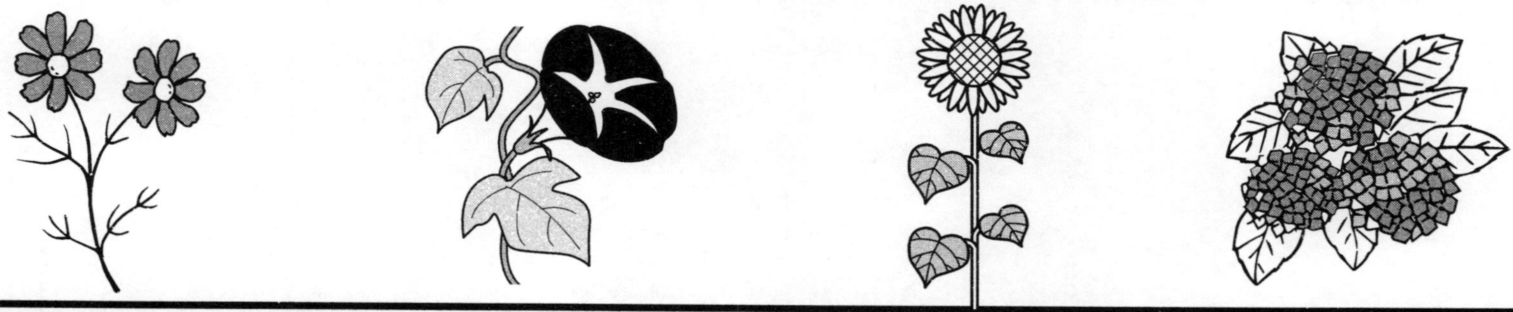

 

# 問題３７

☆福岡教育大学附属小学校

①

②

③

④

☆福岡教育大学附属小学校

# 問題３８

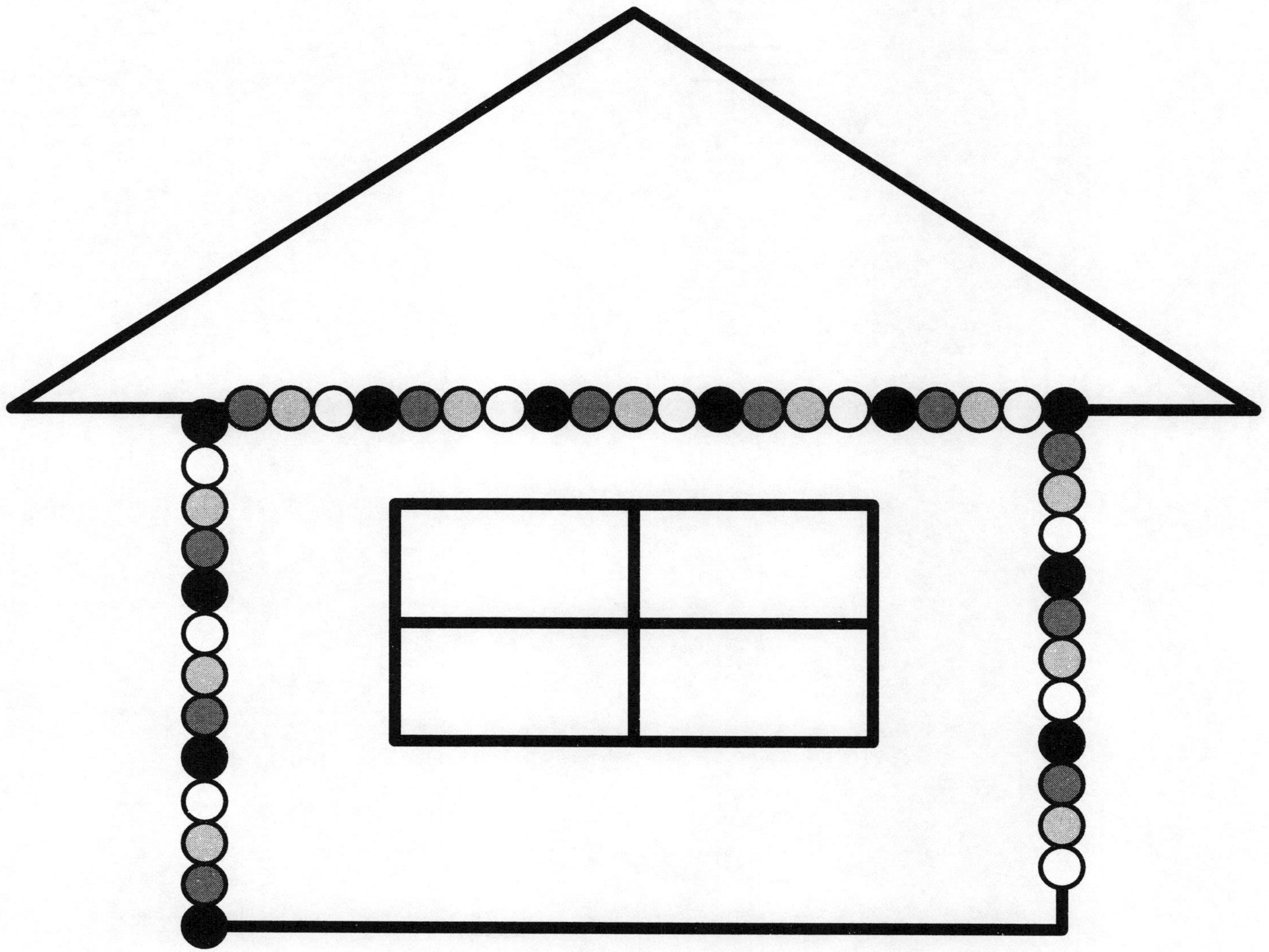

   日本学習図書株式会社

# 問題３９－１

☆福岡教育大学附属小学校

# 問題３９－２

福岡教育大学附属小学校　専用注文書

年　　月　　日

# 合格のための問題集ベスト・セレクション

## ＊入試頻出分野ベスト３

**1st　数　量**
観察力　集中力

**2nd　図　形**
観察力　考える力

**3rd　常　識**
知識　公衆

一部を除いてそれほど難しくはないので、基礎をしっかりと固めておけば充分に対応できる問題です。ただし、図形・数量において、細かな違いや数えにくい問題も出題されているので、そうした問題に対しては対策が必要になります。

| 分野 | 書　名 | 価格(税込) | 注文 | 分野 | 書　名 | 価格(税込) | 注文 |
|---|---|---|---|---|---|---|---|
| 図形 | Ｊｒ・ウォッチャー１「点・線図形」 | 1,650円 | 冊 | 推理 | Ｊｒ・ウォッチャー31「推理思考」 | 1,650円 | 冊 |
| 図形 | Ｊｒ・ウォッチャー３「パズル」 | 1,650円 | 冊 | 常識 | Ｊｒ・ウォッチャー34「季節」 | 1,650円 | 冊 |
| 図形 | Ｊｒ・ウォッチャー４「同図形探し」 | 1,650円 | 冊 | 図形 | Ｊｒ・ウォッチャー35「重ね図形」 | 1,650円 | 冊 |
| 推理 | Ｊｒ・ウォッチャー６「系列」 | 1,650円 | 冊 | 数量 | Ｊｒ・ウォッチャー36「同数発見」 | 1,650円 | 冊 |
| 常識 | Ｊｒ・ウォッチャー11「いろいろな仲間」 | 1,650円 | 冊 | 数量 | Ｊｒ・ウォッチャー37「選んで数える」 | 1,650円 | 冊 |
| 常識 | Ｊｒ・ウォッチャー12「日常生活」 | 1,650円 | 冊 | 言語 | Ｊｒ・ウォッチャー49「しりとり」 | 1,650円 | 冊 |
| 常識 | Ｊｒ・ウォッチャー13「時間の流れ」 | 1,650円 | 冊 | 常識 | Ｊｒ・ウォッチャー55「理科②」 | 1,650円 | 冊 |
| 数量 | Ｊｒ・ウォッチャー14「数える」 | 1,650円 | 冊 | 言語 | Ｊｒ・ウォッチャー60「言葉の音（おん）」 | 1,650円 | 冊 |
| 言語 | Ｊｒ・ウォッチャー17「言葉の音遊び」 | 1,650円 | 冊 | | 新口頭試問・個別テスト問題集 | 2,750円 | 冊 |
| 言語 | Ｊｒ・ウォッチャー18「いろいろな言葉」 | 1,650円 | 冊 | | 新ノンペーパーテスト問題集 | 2,750円 | 冊 |
| 巧緻性 | Ｊｒ・ウォッチャー22「想像画」 | 1,650円 | 冊 | | | | |
| 巧緻性 | Ｊｒ・ウォッチャー24「絵画」 | 1,650円 | 冊 | | | | |
| 常識 | Ｊｒ・ウォッチャー27「理科」 | 1,650円 | 冊 | | | | |
| 観察 | Ｊｒ・ウォッチャー29「行動観察」 | 1,650円 | 冊 | | | | |

| 合計 | 冊 | 円 |
|---|---|---|

| （フリガナ）<br>氏　名 | 電　話<br>ＦＡＸ<br>E-mail |
|---|---|
| 住所　〒　　　－ | 以前にご注文されたことはございますか。<br>有　・　無 |

★お近くの書店、または記載の電話・FAX・ホームページにてご注文をお受けしております。
電話：03-5261-8951　FAX：03-5261-8953　代金は書籍合計金額＋送料がかかります。
※なお、落丁・乱丁以外の理由による商品の返品・交換には応じかねます。

★ご記入頂いた個人に関する情報は、当社にて厳重に管理致します。なお、ご購入の商品発送の他に、当社発行の書籍案内、書籍に関する調査に使用させて頂く場合がございますので、予めご了承ください。

日本学習図書株式会社
http://www.nichigaku.jp

# 分野別 小学入試練習帳 ジュニアウォッチャー

| | |
|---|---|
| 1. 点・線図形 | 小学校入試で出題頻度の高い『点・線図形』の模写を、難易度の低いものから段階別に幅広く練習することができるように構成。 |
| 2. 座標 | 図形の位置模写という作業を、難易度の低いものから段階別に練習できるように構成。 |
| 3. パズル | 様々なパズルの問題を難易度の低いものから段階別に練習できるように構成。 |
| 4. 同図形探し | 小学校入試で出題頻度の高い、同図形選びの問題を繰り返し練習できるように構成。 |
| 5. 回転・展開 | 図形などを回転、または展開したとき、形がどのように変化するかを学習し、理解を深められるように構成。 |
| 6. 系列 | 数、図形などの様々な系列問題を、難易度の低いものから段階別に練習できるように構成。 |
| 7. 迷路 | 迷路の問題を繰り返し練習できるように構成。 |
| 8. 対称 | 対称に関する問題を４つのテーマに分類し、各テーマごとに問題を段階別に練習できるように構成。 |
| 9. 合成 | 図形の合成に関する問題を、難易度の低いものから段階別に練習できるように構成。 |
| 10. 四方からの観察 | もの（立体）を様々な角度から見て、どのように見えるかを推理する問題を段階別に整理し、１つの形式で複数の問題を練習できるように構成。 |
| 11. いろいろな仲間 | ものや動物、植物の共通点を見つけ、分類していく問題を中心に構成。 |
| 12. 日常生活 | 日常生活における様々な問題を６つのテーマに分類し、各テーマごとに一つの問題形式で複数の問題を練習できるように構成。 |
| 13. 時間の流れ | 『時間』に着目し、様々なものごとは、時間が経過するとどのように変化するのかということを学習し、理解できるように構成。 |
| 14. 数える | 様々なものを『数える』ことから、数の多少の判定やかけ算、わり算の基礎までを練習できるように構成。 |
| 15. 比較 | 比較に関する問題を５つのテーマ（数、高さ、長さ、量、重さ）に分類し、各テーマごとに問題を段階別に練習できるように構成。 |
| 16. 積み木 | 数える対象を積み木に限定した問題集。 |
| 17. 言葉の音遊び | 言葉の音に関する問題を５つのテーマに分類し、各テーマごとに問題を段階別に練習できるように構成。 |
| 18. いろいろな言葉 | 表現力をより豊かにするいろいろな言葉として、擬態語や擬声語、同音異義語、反意語、数詞を取り上げた問題集。 |
| 19. お話の記憶 | お話を聴いてその内容を記憶、理解し、設問に答える形式の問題集。 |
| 20. 見る記憶・聴く記憶 | 「見て憶える」「聴いて憶える」という『記憶』分野に特化した問題集。 |
| 21. お話作り | いくつかの絵を元にしてお話を作る練習をして、想像力を養うことができるように構成。 |
| 22. 想像画 | 描かれてある形や景色に好きな絵を描くことにより、想像力を養うことができるように構成。 |
| 23. 切る・貼る・塗る | 小学校入試で出題頻度の高い、はさみやのりなどを用いた巧緻性の問題を繰り返し練習できるように構成。 |
| 24• 絵画 | 小学校入試で出題頻度の高い、お絵かきやぬり絵などクレヨンやクーピーペンを用いた巧緻性の問題を繰り返し練習できるように構成。 |
| 25. 生活巧緻性 | 小学校入試で出題頻度の高い日常生活の様々な場面における巧緻性の問題集。 |
| 26. 文字・数字 | ひらがなの清音、濁音、拗音、拗長音、促音と１～20までの数字に焦点を絞り、練習できるように構成。 |
| 27. 理科 | 小学校入試で出題頻度が高くなりつつある理科の問題を集めた問題集。 |
| 28. 運動 | 出題頻度の高い運動問題を種目別に分けて構成。 |
| 29. 行動観察 | 項目ごとに問題提起をし、「このような時はどうか、あるいはどう対処するのか」の観点から問いかける形式の問題集。 |
| 30. 生活習慣 | 学校から家庭に提起された問題と思って、一問一問絵を見ながら話し合い、考える形式の問題集。 |

| | |
|---|---|
| 31. 推理思考 | 数、量、言語、常識（含理科、一般）など、諸々のジャンルから問題を構成し、近年の小学校入試問題傾向に沿って構成。 |
| 32. ブラックボックス | 箱や筒の中を通ると、どのようなお約束でどのように変化するかを推理・思考する問題集。 |
| 33. シーソー | 重さの違うものをシーソーに乗せた時どちらに傾くのか、またどうすればシーソーは釣り合うのかを思考する基礎的な問題集。 |
| 34. 季節 | 様々な行事や植物などを季節別に分類できるように知識をつける問題集。 |
| 35. 重ね図形 | 小学校入試で頻繁に出題されている「図形を重ね合わせてできる形」についての問題を集めました。 |
| 36. 同数発見 | 様々な物を数え「同じ数」を発見し、数の多少の判断や数の認識の基礎を学べるように構成した問題集。 |
| 37. 選んで数える | 数の学習の基本となる、いろいろなものの数を正しく数える学習を行う問題集。 |
| 38. たし算・ひき算１ | 数字を使わず、たし算とひき算の基礎を身につけるための問題集。 |
| 39. たし算・ひき算２ | 数字を使わず、たし算とひき算の基礎を身につけるための問題集。 |
| 40. 数を分ける | 数を等しく分ける問題です。等しく分けたときに余りが出るものもあります。 |
| 41. 数の構成 | ある数がどのような数で構成されているか学んでいきます。 |
| 42. 一対多の対応 | 一対一の対応から、一対多の対応まで、かけ算の考え方の基礎学習を行います。 |
| 43. 数のやりとり | あげたり、もらったり、数の変化をしっかりと学びます。 |
| 44. 見えない数 | 指定された条件から数を導き出します。 |
| 45. 図形分割 | 図形の分割に関する問題集。パズルや合成の分野にも通じる様々な問題を集めました。 |
| 46. 回転図形 | 「回転図形」に関する問題集。やさしい問題から始め、いくつかの代表的なパターンから、段階を踏んで学習できるよう編集されています。 |
| 47. 座標の移動 | 「マス目の指示通りに移動する問題」と「指示された数だけ移動する問題」を収録。 |
| 48. 鏡図形 | 鏡で左右反転させた時の見え方を考えます。平面図形から立体図形、文字、絵まで。 |
| 49. しりとり | すべての学習の基礎となる「言葉」を学ぶこと、特に「語彙」を増やすことに重点をおき、さまざまなタイプの「しりとり」問題を集めました。 |
| 50. 観覧車 | 観覧車やメリーゴーラウンドなどを舞台にした「回転系列」の問題集。「推理思考」分野の問題ですが、要素として「図形」や「数量」も含みます。 |
| 51. 運筆① | 鉛筆の持ち方を学び、点線なぞり、お手本を見ながらの模写で、線を引く練習をします。 |
| 52. 運筆② | 運筆①からさらに発展し、「欠所補完」や「迷路」などを楽しみながら、より複雑な鉛筆運びを習得することを目指します。 |
| 53. 四方からの観察 積み木編 | 積み木を使用した「四方からの観察」に関する問題を練習できるように構成。 |
| 54. 図形の構成 | 見本の図形がどのような部分によって形づくられているかを考えます。 |
| 55. 理科② | 理科的知識に関する問題を集中して練習する「常識」分野の問題集。 |
| 56. マナーとルール | 道路や駅、公共の場でのマナー、安全や衛生に関する常識を学べるように構成。 |
| 57. 置き換え | さまざまな具体的・抽象的事象を記号で表す「置き換え」の問題を扱います。 |
| 58. 比較② | 長さ・高さ・体積・数などを数学的な知識を使わず、論理的に推測する「比較」の問題を練習できるように構成。 |
| 59. 欠所補完 | 線と線のつながり、欠けた絵に当てはまるものなどを求める「欠所補完」に取り組める問題集です。 |
| 60. 言葉の音（おん） | しりとり、決まった順番の音をつなげるなど、「言葉の音」に関する問題に取り組める練習問題集です。 |

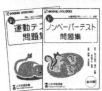

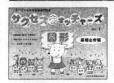

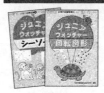

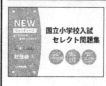

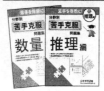

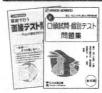

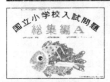

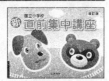

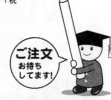